# Réflexions sur l'Allemagne au 20ᵉ siècle
# Reflexionen über Deutschland im 20. Jahrhundert

Herausgegeben für das
Deutsche Historische Institut Paris von
Prof. Dr. Horst Möller

Klaus Hildebrand

# Integration und Souveränität.
## Die Außenpolitik der Bundesrepublik Deutschland 1949–1982

# Intégration et souveraineté.
## La politique étrangère de la République fédérale d'Allemagne de 1949 à 1982

1991

BOUVIER VERLAG · BONN

Der vorliegende Essay-Band geht auf einen Vortrag zurück, den Klaus Hildebrand am 31. Januar 1990 in Paris im Rahmen der vom Deutschen Historischen Institut organisierten Vortragsreihe "Conférences Historiques sur l'Allemagne au 20$^e$ siècle" gehalten hat. Die deutsche Fassung wurde von Marianne Lorin ins Französische übersetzt.

L'essai présenté dans ce volume est issu d'un exposé, présenté par Klaus Hildebrand à Paris le 31 janvier 1990 dans le cadre de la série »Conférences Historiques sur l'Allemagne au 20$^e$ siècle«, organisées par l'Institut Historique Allemand. La traduction française est de Marianne Lorin.

CIP-Titelaufnahme der Deutschen Bibliothek

**Hildebrand, Klaus:**
Integration und Souveränität : die Aussenpolitik der Bundesrepublik Deutschland 1949 - 1982 = Intégration et souveraineté / Klaus Hildebrand. - Bonn : Bouvier, 1991
  (Reflexionen über Deutschland im 20. Jahrhundert)

ISBN 3-416-02285-8

Alle Rechte vorbehalten. Ohne ausdrückliche Genehmigung des Verlages ist es nicht gestattet, das Buch oder Teile daraus zu vervielfältigen oder auf Datenträger aufzunehmen. © Bouvier Verlag Bonn 1991. Abb. auf dem Schutzumschlag mit freundlicher Genehmigung von Bilderdienst Süddeutscher Verlag. Umschlaggestaltung: Arifé Aksoy. Satz: Computersatz Bonn. Druck und Einband: Druckerei Plump KG, Rheinbreitbach.

I.

„Am Anfang war die internationale Politik"[1]. Treffend ist mit dieser Feststellung Werner Links das außenpolitische Bewegungsgesetz umschrieben, welches für das im Jahre 1949 auf den Namen Bundesrepublik Deutschland getaufte westdeutsche „Notgebilde"[2] vorwaltend war und blieb. Denn bis heute begleitet eine über Gebühr hohe Abhängigkeit von den Gezeiten der Weltpolitik das Geschick des Bonner Staates. Der Eindruck, „einstweilen Objekt und weiter nichts" zu sein, entweder „von den Amerikanern an die Russen" „verschachert werden" zu können oder „als Stein im Spiel mit den Russen"[3] von den Amerikanern gebraucht zu werden, prägte vor allem, dumpf und deutlich zugleich, das Empfinden vieler Menschen in „Trizonesien", wie das seltsame Phänomen der westlichen Besatzungszonen im Kölnischen Karneval vom Jahre 1946/47 mit fröhlichem Sarkasmus besungen wurde.

Daß die Deutschen damals so hilflos an den Fäden der Weltpolitik zappelten, die ihre verbrecherische Führung lange Zeit skrupellos gezogen hatte, war nicht weiter erstaunlich. Denn die gegen die nationalsozialistische

Diktatur verbündeten Alliierten hatten Deutschland ja erst einmal, wie es in der amerikanischen Direktive JCS 1067 vom 26. April 1945 ganz unmißverständlich lautete, nicht „zum Zwecke seiner Befreiung" besetzt, „sondern als ein[en] besiegte[n] Feindstaat"[4]. Die Deutschen ihrerseits nahmen den Zusammenbruch des Reiches und das Weltkriegsende in Europa eher in einem widersprüchlichen, ja tragischen Zusammenhang wahr: „Erlöst und vernichtet in einem"[5] waren sie mehrheitlich, soweit ihnen der alltägliche Kampf ums Überleben überhaupt Zeit zum Nachdenken ließ, auch auf außenpolitischem Gebiet dazu entschlossen, alles das zu tun, was das gute Gegenteil zur bösen Vergangenheit Hitlers beschrieb. Sie wollten nicht mehr länger Krieg, sondern endlich Frieden; keine Gewalt, sondern Versöhnung; nicht Diktatur, sondern Freiheit — und vor allem sehnten sie sich nach jener Ruhe, nach der sie auch aus tiefer Resignation über die „deutsche Katastrophe"[6] verlangten. Ebenso selbstverständlich aber betrachteten sie in ihrer weit überwiegenden Zahl, im Grunde bis an das Ende der fünfziger Jahre, den von Bismarck geschaffenen Nationalstaat als das natürliche Gehäuse der Deutschen, das — vorübergehend geborsten und aufgeteilt — bald erneut zusammengefügt und wiedervereinigt werden müsse, weil eben anderes noch kaum vorstellbar erschien. Dieses Ziel aber hob sich mit voranschreitender Zeit zunehmend krasser von einer Entwicklung der Weltpolitik ab, die die Koalition der Sieger im nunmehr einsetzenden Kalten Krieg zwischen Ost und West zerfallen ließ. Denn das seit dem Jahre 1948 ausgebildete Staatensystem der Nachkriegszeit war durch Bipolarität und Antagonismus gekennzeichnet. Daher ging mit der Entzweiung der Alliierten auch die Tendenz zur Teilung ihrer Beute einher, weil das ganze Deutschland für eine der beiden miteinander verfeindeten Seiten nur noch um den Preis des Dritten Weltkrieges zu haben war. Das warnende Wort Kurt Schumachers, des großen Parteiführers der Sozialdemokratie, wonach „die russisch-totalitäre Aggression... Europa gespalten"[7] habe, war damals allgemein anerkannt und noch nicht von verklärenden Notwendigkeiten später gelieferter Deutung getrübt, die deutsche Teilung stelle das direkte Ergebnis des von Hitler-Deutschland entfesselten Krieges dar: So fugenlos geht die Gleichung zwischen der Weltgeschichte und dem Weltgericht nicht auf.

Vor dem allgemeinen Hintergrund der Zeit wird aber verständlich, warum Schumachers politischer Gegenspieler, Konrad Adenauer, „Gründungsvater" der Republik von Bonn und erster Kanzler der bürgerlichen Koalition, mit seiner gezielt vereinfachten Losung erfolgreich sein konnte, daß „Neutralisierung" nichts anderes als „Sowjetisierung"[8] bedeute. Noch bevor westdeutsche Politiker sich jedoch überhaupt zu außenpolitischen Entscheidungen aufgerufen fanden, wurde das Terrain für den Kurs gründlich präpariert, den der westdeutsche Staat danach einschlug. Im Zusammenhang einer weltpolitischen Lage, in der das allgemeine Bewußtsein noch geradezu nötigend lebendig war, daß Staaten sterben, daß Ideologien entscheidend wirken und daß Ängste sozialen Zusammenhalt stiften können, hatte der amerikanische Außenminister Acheson bereits vor der Gründung der Bundesrepublik von jener „Situation der Stärke"[9] gesprochen, die die Weltpolitik zukünftig verändern werde. Der dominierende Zug der Außenpolitik Konrad Adenauers war also gegeben, bevor es diese selbst gab. Demgemäß band schon das bilaterale Marshallplan-Abkommen, das die Bundesrepublik Deutschland und die Vereinigten Staaten von Amerika im Rahmen des „European Recovery Program" (ERP) am 15. Dezember 1949 abschlossen, die Westdeutschen fest an die Amerikaner. Denn Artikel I.3 sah ausdrücklich vor, einen Bonner Alleingang nach Moskau zu verhindern. Anders als in anderen ERP-Vereinbarungen bestimmte eine „Verpfändungsklausel", daß die „Exporterlöse aus der gesamten künftigen Produktion und aus Lagerbeständen der Bundesrepublik ... für die Bezahlung der Hilfeleistungen, die gemäß dem Abkommen bereitgestellt worden sind, verfügbar sein" sollten, das heißt: „Durch die Verpfändung würde die Bundesrepublik sich selbst", darüber war man sich im Bundesministerium für den Marshallplan damals durchaus im klaren, „die Möglichkeit beschränken, eines Tages mit Sowjetrußland über die Reparationen und die Fragen der Ostzone und der Ostgebiete zu einer Einigung zu kommen". Denn die Amerikaner ketteten „unsere Politik an ihren Willen" und machten „insbesondere selbständige Verhandlungen der Bundesrepublik mit Sowjetrußland von ihrer Einwilligung abhängig"[10].

Wie schon zuvor in der deutschen Geschichte, sei es im Gefolge des Jahres 1648 oder des Jahres 1815, wurde die innere und äußere Verfassung des Landes durch die Bedingungen der internationalen Politik geprägt. Ihre Erfordernisse zu erkennen oder mißzuverstehen, ihnen zu genügen oder sie zu verwerfen, blieb indes Sache der in der jungen Bundesrepublik Handelnden, die sich so oder so entscheiden konnten − nur wirklich entscheiden mußten sie sich: „tertium non datur". Privilegiert hob sie das von der DDR ab, die gleichfalls im Jahre 1949 in lange intendierter und prompt reagierender Entsprechung auf den westlichen Vorgang gegründet wurde. Denn dieser von Herbert Wehner einmal mit treffender Bissigkeit als „Sowjet-Preußen"[11] charakterisierte Teil Deutschlands hatte gerade nicht die Freiheit der Wahl, sondern vegetierte lange als eine sowjetische Satrapie, die nach Willy Brandts bitterem Urteil „weder deutsch noch demokratisch noch eine Republik"[12] war.

Im Westen dagegen zog Konrad Adenauer die politischen Konsequenzen aus jener seit dem Jahre 1948 so sichtbar gespaltenen Welt, in der nach Raymond Arons scharfsinniger Beobachtung „der Frieden ... unmöglich" und „der Krieg ... unwahrscheinlich"[13] erschien. Daß Deutschland somit für geraume Zeit, wenn auch beileibe nicht auf Dauer, durch die bestimmenden Gegebenheiten dieser neuen Welt gekennzeichnet war, also in erster Linie nicht mehr durch seine geographische Mittellage, sondern vielmehr durch seine weltpolitische Grenzlage, trat immer stärker hervor und ließ die Bundesrepublik zum „Limes des Abendlandes"[14] werden. Aus dem Gesamten diese Schlußfolgerung zu ziehen, bestimmte jedenfalls Konrad Adenauer dazu, das „provisorische Definitivum"[15] des Bonner Staates zu bauen.

Daß seine kühne Grundentscheidung für die politische, kulturelle und wirtschaftliche Westorientierung der Bundesrepublik bei den Siegermächten ebenso wie im eigenen Land umstritten war, liegt auf der Hand. Denn sie nahm sich gleichsam traditionslos aus und stand in erklärtem Widerspruch zu kräftig ausgebildeten Überlieferungen deutscher Geschichte. Das gilt beispielsweise für jene Wortführer aus der sowjetisch besetzten Zone, die wie der 1945 noch der SPD angehörende Otto Grotewohl gegen eine deutsche Schaukelpolitik und für die Anlehnung an die Sowjetunion eintraten. Eine keineswegs zu unterschätzende Linie deutscher Nachkriegspolitik ist damit im übrigen benannt: Unter Vorzeichen, die die sowjetische Siegermacht einseitig begünstigten, sah sie die Wiedervereinigung Deutschlands vor. Über Ulbricht bis Honecker blieb dies, ungeachtet der für das Überleben ihrer Diktatur notwendigen Abgrenzungsstrategie, kommunistisches Fernziel, nämlich die DDR als Piemont eines im sozialistischen Sinne wieder- bzw. neu vereinigten Deutschlands zu begreifen.

Auf seiten der westlichen Sieger kamen, in der unmittelbaren Nachkriegszeit dichter ausgeprägt als später, aber immerhin noch bis in die erste Hälfte der fünfziger Jahre anzutreffen, ein ums andere Mal Überlegungen über den Status eines neutralen Deutschland auf. Solche Alternativen gegenüber der sich einfressenden Realität der Teilung gab es, wie hätte es vor dem Hintergrund der nationalen, aber auch der vornationalen Geschichte anders sein können, vor allem in Deutschland selbst. Denn Adenauers Entwurf, der das bisher Dagewesene außer Kraft setzte, weil er mit dem bis dahin Üblichen abrupt brach, wirkte buchstäblich revolutionär und begründete eine ganz neue Tradition deutscher Außenpolitik.

Sie wurde in seiner eigenen Partei, der neu gegründeten Christlich Demokratischen Union, zumindest vorläufig, grundsätzlicher in

Frage gestellt als durch die außenpolitischen Vorstellungen der Sozialdemokratie Kurt Schumachers. Insbesondere Jakob Kaiser, nicht zuletzt der innerparteiliche Gegenspieler des späteren Kanzlers, vertrat als Haupt der Berliner CDU ein ganz und gar anderes außenpolitisches Konzept. Er gedachte, an Deutschlands allerdings erst einmal im Strom der Weltgeschichte untergegangene Mittellage anzuknüpfen und die Brückenfunktion eines politisch sowie weltanschaulich zwischen Ost und West vermittelnden Reiches neu zu beleben. „Mir scheint für Deutschland", so umschrieb Kaiser dieses für lange Zeit einfach zukunftslose Programm, das sich so seltsam gegensätzlich zum Lauf der gespaltenen Welt ausnahm[16], „die große Aufgabe gegeben, im Ringen der europäischen Nationen die Synthese zwischen östlichen und westlichen Ideen zu finden. Wir haben Brücke zu sein zwischen Ost und West". Doch das hochgemute Ansinnen verlor sich, je fordernder der Kalte Krieg vom Erdball Besitz nahm, eben in dem Maße ins Unauffindbare, in dem sich Konrad Adenauers Gegenentwurf als „einleuchtend bis zur Unvermeidlichkeit"[17] entpuppte. Neben dem belastenden Erbe der nationalsozialistischen Vergangenheit, das Kaiser als Repräsentant des deutschen Widerstandes reinen Gewissens, aber tragischerweise unterschätzte, entschied sich das Schicksal seines Entwurfes vor allem dadurch, daß der Westen Deutschlands zur Grenzmark der *Pax Americana* und der Osten zu derjenigen der sowjetischen Hegemonie ausgebaut wurde. Damit verfiel der Plan eines weltanschaulichen und außenpolitischen Brückenschlages zwischen den Welten notwendig zur Illusion eines schon bald so genannten „Kaisers ohne Land".

Wirklichkeitsverlust ließ auch die andere scharf vom Westkurs Konrad Adenauers abgehobene Konzeption erkennen, die ursprünglich gleichfalls in der Union beheimatet war und nach dem Rücktritt Gustav Heinemanns vom Amt des Innenministers sodann in der Gesamtdeutschen Volkspartei vertreten wurde, nämlich die Idee einer Neutralisierung des gesamten Deutschland. Ihren beinahe spukbildhaften Ausdruck fand sie schon in den ebenso sirenenhaften wie unrealistischen Worten des Historikers Ulrich Noack aus dem Jahre 1948[18]: „Wenn die anderen unbedingt schießen wollen, dann machen wir uns klein und lassen sie über uns hinwegschießen". Konrad Adenauer und der großen

Mehrheit der auf Sicherheit und Freiheit bedachten Westdeutschen war dagegen nur allzu bewußt, daß in der damaligen Lage, wie schon des öfteren zuvor in der deutschen Geschichte, das Träumen von der Neutralität keine Entsprechung in der Wirklichkeit hatte.

Dennoch: Einmal stärker und dann wieder schwächer sichtbar sowie stets abhängig von der internationalen Großwetterlage zwischen Kaltem Krieg und Détente hat die neutralistische Wahlchance äußerer Politik die Entwicklung der Bundesrepublik Deutschland durchgehend begleitet. Denn sie gehört, als Versuchung, wie die Mehrheit glaubte, und als Chance, wie eine Minderheit mutmaßte, zur deutschen Geschichte, die mit voranschreitender Zeit auch die Bundesrepublik, eher schubweise als gleichmäßig, einholte. Die überkommene Mittellage also wurde von der neuen Grenzlage resolut verdrängt, aber keineswegs endgültig aufgehoben. Und die Tatsache, daß die ansonsten so ungemein erfolgreiche Außenpolitik des westdeutschen Teilstaates gerade nicht zum zentralen Ziel der Wiedervereinigung führte und daß sich zudem die Fronten des Kalten Krieges allmählich lockerten, ließ den Gedanken an eine gesamtdeutsche Neutralität von Zeit zu Zeit aus ihrem Schattendasein auftauchen — im Ausland verständlicherweise mit größerem Mißtrauen beargwöhnt, als ihrer Existenz im eigenen Land Bedeutung zugekommen wäre. Verbindlich für die äußere Politik der Bundesrepublik Deutschland blieb in diesem Zusammenhang nicht zuletzt, was der amerikanische Außenminister John Foster Dulles im Jahre 1959 ohne Umschweife zum Regierenden Bürgermeister von Berlin, Willy Brandt, äußerte[19]: „Die Russen und wir mögen uns über tausend Dinge uneinig sein. Doch über eines gibt es zwischen uns keine Meinungsverschiedenheit: Wir werden es nicht zulassen, daß ein wiedervereinigtes, bewaffnetes Deutschland im Niemandsland zwischen Ost und West umherirrt".

Unverwechselbar klar setzte Konrad Adenauer außenpolitische Prioritäten, reduzierte resolut das verwirrend Vielschichtige und zog es erst einmal vor, „lieber frei" zu sein, „auch wenn die Einheit Deutschlands nicht sofort wiederhergestellt wird"[20]. Das hatte nur bei oberflächlichem Hinsehen mit zwielichtiger Rheinbund-Tümelei zu tun. Vielmehr entsprang solche Entscheidung der nüchternen Analyse, die sich ihm mit geradezu zwingender Plausibilität aufdrängte: Freiheit und Frieden rangierten vor Einheit, die damit keineswegs à fond perdu geschrieben wurde, sondern ganz im Gegenteil gerade auf diese Art und Weise zurückgewonnen werden sollte.

Schon im Jahre 1945 stellte er, weit über den Abgrund des deutschen Zusammenbruchs auf das so unübersehbar geschwächte Europa und die rapide gewandelte Weltlage hinausblickend, einfach und zutreffend fest[21]: „Rußland entzieht sich immer mehr der Zusammenarbeit mit den anderen Großmächten ... In den von ihm beherrschten Ländern herrschen schon jetzt ganz andere wirtschaftliche und politische Grundsätze als in dem übrigen Teil Europas ... Der nicht von Rußland besetzte Teil Deutschlands ist ein integrierter Teil Westeuropas. Wenn er krank bleibt, wird das von schwersten Folgen für ganz Westeuropa, auch für England und Frankreich sein. Es liegt im eigensten Interesse nicht nur des nicht von Rußland besetzten Teiles Deutschlands, sondern auch von England und Frankreich, Westeuropa unter ihrer Führung zusammenzuschließen" durch „wirtschaftliche Verflechtung von Westdeutschland, Frankreich, Belgien, Luxemburg, Holland ... Wenn England sich entschließen würde, auch an dieser wirtschaftlichen Verflechtung teilzunehmen, so würde man dem doch so wünschenswerten Endziele ‚Union der westeuropäischen Staaten', ein sehr großes Stück näherkommen".

Daher entschied sich Adenauer dafür, Deutschlands Gesicht entschlossen „nach Westen zu drehen"[22] und zusammen mit diesem die gegenwärtige sowie zukünftige Existenz seines Vaterlandes in politischer und geistiger Perspektive unaufhebbar zu verbinden. Denn nach der Überzeugung des damals schon recht alten Mannes, dessen Erfahrungen sich aus der bewußt erlebten Anschauung einer Epoche der Weltkriege und Revolutionen nährten, war nur so und nicht anders die sprunghafte Unruhe der Deutschen zu zähmen und ihre gefährliche Unberechenbarkeit zu korrigieren. Und schließlich, wenn auch beileibe nicht zum geringsten, ließ sich wiederum nur so und bei einem anderen Gang der Dinge lediglich mit frevlerischem Risiko die dringend erforderliche Sicherheit vor dem Rußland Stalins finden, der 1945 in Potsdam beklagt hatte, anders als einst Zar Alexander I. nicht bis Paris, sondern nur bis Berlin gelangt zu sein.

Als dann im Jahre 1948, nachdem die Vereinigten Staaten von Amerika die kommunistische Herausforderung von Ostasien bis Mitteleuropa vollends angenommen hatten, erneut Furcht vor einem Weltkrieg aufkam, erschien der Rat um so einleuchtender, den bereits Laertes in William Shakespeares „Hamlet" der Ophelia gab[23]: „Sei denn behutsam, Furcht gibt Sicherheit". Mit Bedacht also nahm Adenauer, anders als es oftmals zuvor in der deutschen Geschichte der Fall gewesen war, davon Abstand, alles auf einmal, ja selbst nur zuviel auf einmal lösen zu wollen. Vielmehr versuchte er, die „deutsche Frage" nach und nach durch atlantische Bindung und „europäischen Nationalismus"[24] zum Nutzen seiner Landsleute und ihrer westlichen Nachbarn auf dem alten Kontinent zu beantworten — wohlgemerkt: stets zusammen mit diesen und auf gar keinen Fall gegen sie. Das bedeutete aber: Deutsche Wiedervereinigung und westdeutsche Souveränität hingen von der europäischen und atlantischen Integration ab; im Alleingang nach ihnen zu streben, mußte dagegen in der Katastrophe enden. Im Bunde und Bündnis mit dem Westen sollte die beileibe nicht nur oder in erster Linie militärisch definierte „Politik der Stärke" die attraktive Bundesrepublik als deutschen Kernstaat und europäisches Transitorium zur nationalstaatlichen Wiedervereinigung führen.

Gleichsam wie ein Magnet sollte die Bonner Demokratie auf die Pankower Diktatur wirken und sie unwiderstehlich anziehen. Daß dies nur teilweise, aber nicht vollkommen, nicht auf Anhieb, ja nicht einmal im Verlauf von Jahrzehnten, den ursprünglich anvisierten Erfolg zeitigte, hat die Richtigkeit des Gedankens im Prinzip keineswegs widerlegt. Denn so lange vier Jahrzehnte, zumal in einer Zeit beispielloser Beschleunigung, den miterlebenden Generationen auch vorkommen mögen, in historischer Perspektive betrachtet, verlieren sie vieles von ihrer scheinbar unumkehrbaren Tatsächlichkeit und ihrer ein ums andere Mal beschworenen Dauerhaftigkeit. Indes zweifelte schon Adenauer, ob seine Landsleute die für einen langen und windungsreichen Weg zur Wiedervereinigung des geteilten Deutschland und des gespaltenen Europa erforderliche Geduld aufbringen würden; vielmehr fürchtete er die möglicherweise neu aufkommende Unrast eines schwer kontrollierbaren Nationalismus, der die Kehrseite zu einer sich zeitweise mit den Gegebenheiten abfindenden Resignation sein kann.

Für die Bundesrepublik aber wurde entscheidend, daß sie als ein Teil des Westens eine „ostensible Missionsidee" besaß: Sie hatte dem Zweiten Kaiserreich, was das Prinzip ihrer Existenz angeht, so offensichtlich gefehlt; in der Weimarer Republik hatte es ihrer spezifischen Entfaltung an Lebenskraft gemangelt; und im „Dritten Reich" hatte sie in der Weltanschauung Hitlers als ideologische Perversion abstoßende Wirkung ausgeübt. Jetzt fühlte man sich der Wertewelt des Westens verpflichtet und vertraute darauf, daß ihre werbewirksame Kraft letztlich stärker sein würde als die der Wirtschaft und der Waffen, die zu pflegen man jedoch nicht vernachlässigen durfte. Doch anders als optimistisch klingende Verlautbarungen des alten Staatsmannes dies auf dem politischen Massenmarkt der westdeutschen Demokratie verkündeten, war er sich ohne Zweifel darüber im klaren, daß ein sehr langer, beschwerlicher Weg zu durchmessen war und das Ziel seiner äußeren Politik in bedrückend weiter Ferne lag. Gerade deshalb mußte das westdeutsche Provisorium so definitiv ausgestaltet werden, daß es, fest am westlichen Anker der unverzichtbaren Integration, den mit Sicherheit aufkommenden Stürmen souverän trotzen konnte.

Die Notwendigkeit der Westbindung und die Vorstellung der Magnettheorie verbanden Konrad Adenauer mit seinem großen innenpolitischen Kontrahenten Kurt Schumacher. Freilich verstand dieser darunter im einzelnen etwas anderes. Denn den patriotischen Sozialisten leitete, nicht zuletzt im Hinblick auf die als verwandt und vorbildlich eingeschätzte Labour-Regierung in Großbritannien, die Idee eines sozialistischen Reiches in einem sozialistischen Europa. In der Tat eröffneten sich dem während der unmittelbaren Nachkriegszeit mit ihrer weit verbreiteten Abneigung gegenüber dem scheinbar oder tatsächlich so vielfältig diskreditierten Kapitalismus einige Jahre lang gar nicht zu verkennende Chancen, die eine solche Entscheidung zu fördern schienen. Doch der „Dreiklang von Sozialismus, Demokratie und Nation"[25] zerbrach, als die Geschichte stürmisch voranschritt, letztlich am ausschlaggebenden Willen der amerikanischen Weltmacht. Doch nicht allein das: Schumachers ungeschminkter Nationalismus verletzte die westlichen Sieger allesamt, und dem französischen Hochkommissar François-Poncet erschien er gar, sicherlich zutiefst ungerechtfertigt, aber dennoch bezeichnenderweise, wie ein „Hitler von links"[26]. Auch die zugleich getäuscht und desillusioniert um ihre Existenz ringenden Westdeutschen stießen die eifernd klingenden Worte des tapferen Mannes ab, der auch deshalb nach Streitkräften für die junge Demokratie verlangte, „um die Defensive offensiv zu führen", damit „in einem raschen Stoß die Ostzone und Berlin befreit werden"[27].

Rückblickend verwundert also nicht, was im zeitgenössischen Horizont zweifelhaft war, daß er nämlich dem „Anwalt der Ernüchterung"[28] unterlag, wie Hans Maier den ersten Kanzler der Bundesrepublik Deutschland charakterisiert hat. Denn dieser segelte nicht allein vor dem Wind der Weltpolitik, sondern verstand im übrigen auch, Maß zu halten und vertrat die deutschen Interessen den Alliierten gegenüber deshalb insgesamt viel wirkungsvoller. Sein außenpolitisches Konzept gewann gegenüber der Sozialdemokratie noch schärfer an Kontur, als diese nach Schumachers frühem Tod im Jahre 1952 einen Kurs einschlug, der auch den Gestaden des Pazifismus nicht mehr so entschieden wie zuvor fernblieb und dessen Distanz zur Außenpolitik der amerikanischen Weltmacht noch zunahm. In ganz unverkennbarem Kontrast zu Schumachers Wehrwillen hatte sich dieser außenpolitische Wandel der SPD zuvor bereits angedeutet und beispielsweise in Carlo Schmids Worten aus dem Jahre 1950 niedergeschlagen[29]: „Uns ist es lieber, es werden heile Menschen in heilen Häusern bolschewisiert, als Krüppel in Erdlöchern". Eben davon vermochte sich jene „bundesdeutsche Ideologie"[30], die Konrad Adenauers außenpolitischem Entwurf zugrunde lag, noch viel markanter abzuheben als von den im Grundsatz gleichfalls der Westbindung, der Magnettheorie und der militärischen Verteidigung verpflichteten Vorstellungen Kurt Schumachers. Diese „bundesdeutsche Ideologie" aber war bestimmt durch ihren „scharf[en] Antikommunismus, ihr[en] katholische[n] Konservatismus; ihr abendländisches Europäertum, ihr Bekenntnis zum Rechtsstaat, ihre kapitalistische Bürgerlichkeit, ihr tiefes Mißtrauen gegen alles, was im Osten liegt, aber auch ihre Furcht vor der nationalistischen Hybris, die Hitlers Diktatur gekennzeichnet hatte"[31].

II.

Weit grundlegender als im Bereich der Innenpolitik, wo es in vielerlei Hinsicht durchaus Verbindungen zum Überlieferten gab, dominierte auf außenpolitischem Gebiet ein tiefer Bruch mit jeder überkommenen Tradition. Diese außenpolitische Revolution Konrad Adenauers war die Antwort auf die Revolution des internationalen Systems. Die Tatsache, daß sich anders als nach dem Ende des Ersten Weltkrieges kein multipolares, sondern dem ganz entgegengesetzt ein bipolares Staatensystem herausgebildet hatte, bot Adenauer wie einst Talleyrand die Chance, aus der Uneinigkeit der Sieger eigenen Vorteil zu ziehen.

Verwundert ist gerade in diesem Zusammenhang immer wieder gefragt worden, warum die Deutschen, die doch die vergleichsweise erträglichen Verluste und Auflagen des Vertrages von Versailles so leidenschaftlich abgelehnt hatten, sich mit der totalen Niederlage sowie der durch den Kalten Krieg herbeigeführten Teilung ihres Vaterlandes anfangs resigniert und danach wie betäubt abfanden. Die Antwort darauf hat von dem fundamentalen Unterschied auszugehen, der das Ende der beiden Kriege jeweils so charakteristisch voneinander abhebt. Ganz ohne Zweifel war das Ausmaß der Niederlage von 1945 im Vergleich mit derjenigen von 1918 weit umfassender. Denn sie war nicht nur schwer, sondern total; die Kapitulation nicht nur hart, sondern bedingungslos; das Reich nicht nur besiegt, sondern zerbrochen: Die historische Last wurde nicht nur als Schmach empfunden, sondern stellte eine Katastrophe dar. Nicht zuletzt vor diesem nationalen und internationalen Hintergrund waren die überlieferten Traditionen deutscher Außenpolitik unverkennbar zerstört.

Längst überlebt hatte sich die von Bismarck dem Reich gestellte Aufgabe, Europa als „ehrlicher Makler"[32] zu dienen und damit die Berechtigung der eigenen Existenz zu unterstreichen. Ad absurdum geführt hatten sich die ehrgeizigen und überanstrengten Ziele des „ruhelosen Reiches"[33] unter Kaiser Wilhelm II. Taktisches „Finassieren"[34] zwischen den Mächten aus Ost und West, das die Außenpolitiker der Weimarer Republik, allen voran Gustav Stresemann, geleitet hatte, wirkte angesichts der neuen weltpolitischen Konstellation geradezu lebensgefährlich. Und die verhängnisvollen Utopien des Rassen-

und Machtwahns, die das Programm der Hitler-Diktatur beherrschten, lagen gescheitert und vernichtet im Abgrund der Geschichte. Für die Zwischenkriegsära des 20. Jahrhunderts war damit auch endgültig jener Kampf um Deutschlands Seele für den Westen verloren, von dem der britische Außenminister Austen Chamberlain in den zwanziger Jahren gegenüber seinem französischen Kollegen Aristide Briand als zentraler Aufgabe gesprochen hatte.

Nunmehr erkannte Konrad Adenauer, daß eine neue Klarheit der Entscheidungen und nicht das alte „Pathos der Mitte", daß Berechenbarkeit der Deutschen und keine Politik des Sowohl-als-Auch, und daß nicht zum geringsten Demut und Einsicht, keinesfalls aber Hochmut und Trotz gefordert waren. Nur allzu klar war ihm nämlich, daß das neue Gemeinwesen noch auf geraume Zeit als ein „verdächtiger Staat"[35] gelten würde. Durchgehend fürchtete er sich vor dem schlummernden Nationalismus seiner Landsleute, vor „ihrer Neigung zur Unvernunft"[36] und Ruhelosigkeit; dies zu betäuben und zu beruhigen, zu heilen und zu normalisieren, erachtete er daher als eine seiner dringendsten Aufgaben. Doch beileibe nicht leisetreterisch, sondern ganz im Gegenteil durchaus selbst- und machtbewußt verlangte er nach staatlicher Souveränität für das westdeutsche Provisorium. Aber er wußte auch, darin vielen anderen weit überlegen, daß er diese nur dann erlangen konnte, wenn er seinen Forderungen nach Gleichberechtigung Vorleistungen an die Gegner von gestern voranschickte. Nur so kam es zu der beharrlich erstrittenen Revision des Besatzungsstatus, die vom März 1951 an den Westdeutschen in mancherlei Hinsicht wieder mehr Bewegungsfreiheit gewährte und auch zur Schaffung des Auswärtigen Amtes führte. Und nur um den Preis eines Beitritts zu der Internationalen Behörde, die das Ruhrgebiet kontrollierte, hatte er ja zuvor schon im Petersberger Abkommen vom 22. November 1949 Erleichterung in bezug auf die belastenden Demontagen zu erreichen vermocht und erste zaghafte Schritte setzen können in die Richtung einer deutschen Teilnahme an der zukünftigen europäischen Gemeinschaft. Daß Kurt Schumacher ihm dafür in der Debatte des Parlaments vom 24. November 1949 das bitterböse Wort vom „Bundeskanzler der Alliierten" entgegenschleuderte, enthielt nur insofern einen Gran an Wahrheit, als damals nur derjenige Kanzler der Deutschen sein konnte, der mit und nicht gegen die Westalliierten Souveränität zu erstreiten suchte.

Im europäischen Zusammenhang — der sich der jungen Bundesrepublik mit ihrem Beitritt als assoziiertes Mitglied zum Europarat bereits im Juli 1950 so chancenreich öffnete — zu einem Ausgleich zu gelangen, galt es vor allem mit Frankreich. Das Sicherheitsverlangen des westlichen Nachbarn erschien Konrad Adenauer dabei nur allzu einleuchtend. Schon in den zwanziger Jahren hatte er daran gedacht, durch Verknüpfung wirtschaftlicher und politischer Interessen der beiden großen Länder, Deutschland und Frankreich, sowie der kleineren Staaten Westeuropas darauf eine schöpferische Antwort zu geben. Erst jetzt, nachdem die „deutsche Katastrophe" sich auch als eine Katastrophe Europas herausgestellt hatte, erwies sich, anders als drei Jahrzehnte zuvor, die Zeit endlich als reif für das Zukunftweisende. Denn im Gefolge des Zweiten Weltkrieges, aus dem die europäischen Teilnehmer allesamt so erschöpft hervorgegangen waren, hatte der sich daran schon so bald anschließende Kalte Krieg, über das total besiegte Deutschland hinaus, auch die Bedeutung der europäischen

Sieger, England und Frankreich, im Vergleich mit den weltpolitischen Giganten in Ost und West beträchtlich vermindert. Und unter dem Zwang neuer Notwendigkeiten erwiesen sich die beiden führenden Nationalstaaten Westeuropas als erstaunlich verständigungsbereit.

Vor allem auf französischer Seite existierte zu dem außenpolitischen Grundgedanken Konrad Adenauers, deutsche Anliegen und europäische Interessen unter dem breiten Schirm der Pax Americana zu entwickeln, eine willkommene Entsprechung, die für den Verlauf des Ganzen entscheidend wurde. Zu kontrollieren, so lautete das beileibe nicht unumstrittene, sich allerdings nach und nach durchsetzende Gebot französischer Staatsklugheit, vermochte man das besiegte Deutschland auf Dauer nämlich nicht durch Herrschaft, sondern nur durch Partnerschaft. Daher galt es, ihm in integrierter Form durch kleine Dosen nach und nach staatliche Souveränität zu gewähren. Nahezu unvermeidlich hatte man dafür selber Stücke der eigenen Souveränität, die sowieso schon erheblich eingeschränkt war, aufzugeben, um in einer Integration des Westens jene Sicherheit für das eigene Land zu finden, die den europäischen Nationalstaaten jedem für sich so unübersehbar abhanden gekommen war. Wie gar nicht anders zu erwarten, führte also das schiere Interesse, Verlorenes zu ersetzen, zum neuen Ideal, Gemeinsames zu schaffen.

Weil die Existenzfrage Europas, die alle anging und durch den enormen Druck der weltpolitischen Verhältnisse aufgeworfen wurde, ohne sie nicht länger zu beantworten war, wurde die junge Bundesrepublik Deutschland als Vorposten der amerikanischen Eindämmungspolitik gegenüber dem expansiven Kommunismus der Sowjets schon bald zu einem Mitspieler. Dafür boten ihr die Amerikaner, mit selten anzutreffender Großzügigkeit einem Besiegten gegenüber, militärischen Schutz, aber auch weltwirtschaftliche Vorteile, die dem Deutschen Reich beispielsweise in der Zwischenkriegszeit des Jahrhunderts im Rahmen der ökonomischen Pax Britannica nicht zuteil geworden waren. Ja, sie gewährten dem neuen Klienten sogar noch entscheidend mehr: Denn bis zur Wendemarke der späten fünfziger Jahre andauernd, traten sie für eine Lösung der „deutschen Frage" mit dem Ziel der nationalen Wiedervereinigung ein. Im Erbfolgestreit zwischen den Siegern rangierte das Problem ganz oben auf der weltpolitischen Agenda. Denn es herrschte Konsens darüber, daß die Sicherung des allgemeinen Friedens abhängig sei von der Aufhebung der deutschen Teilung. Dieses Ziel zu erreichen, sollte durch die Einfügung der Deutschen in den atlantischen und europäischen Westen bewirkt werden. Daß das zukünftig so zu Erreichende auch erträglich und schöpferisch bleiben würde, lag gleichfalls in eben dieser Perspektive einer neuen Qualität europäischer Existenz aufgehoben. Die zeitgenössischen Warnungen, daß gerade die feste Westbindung, zumindest eine historisch geraume Zeit lang, den Preis der Teilung kosten würde, erschienen damals noch nicht unmittelbar als evident und wurden auch mehrheitlich nicht geteilt.

In Gang gesetzt wurde vielmehr jener ebenso komplizierte wie einfache Vorgang, integrierte Souveränität zu bilden. „Die Deutschen wurden in vielen Einzelheiten entfesselt", so hat Reinhold Maier, der bedeutende Liberale aus dem deutschen Südwesten, diesen Vorgang im Rückblick hellsichtig diagnostiziert[37], „in den Höhepunkten voraussehbarer Entwicklung der internationalen Politik [allerdings wurden sie] nicht nur neu gefesselt, sondern praktisch an den Westen geschmiedet". Daß Integration Hegemonie verschleiern kann, wie es Staatspräsident de Gaulle den Amerikanern später vorwarf, prangerte Kurt Schumacher damals in der deutschen Diskussion an, weil ihm „vieles von dem, was heute europäisch genannt wird, ... in Wirklichkeit alliiert"[38] vorkam. Für die besiegten Deutschen trat solcher Vorbehalt freilich hinter dem insgesamt Neuen zurück, das sich so eigenständig zu entwickeln versprach; ja, er wurde von der Aussicht, gerade noch besiegt, erstaunlich rasch wieder an Kompetenz zu gewinnen, einfach beiseite geschoben. Rückblickend beinahe unwiderstehlich, zeitgenössisch jedoch riskant umstritten, wurde somit aus dem „Minus an eigener Souveränität ... [ein] Plus an europäischer Bereitschaft"[39]. Ob diese bislang unbekannte Gemengelage aus durchaus Vertrautem und geradezu Revolutionärem eine wirklich eigene Qualität entfalten konnte, bildete damals ganz selbstverständlich noch eine eher im Ungewissen der offenen Entwicklung enthaltene Hoffnung, als daß sie eine zukünftige Gewißheit darstellen konnte.

Zu dieser Zukunft das Tor aufgestoßen hat im Jahre 1950 der geniale Plan Jean Monnets.

Verbunden bleibt er mit dem Namen des großen Robert Schuman, der ihn in die Wirklichkeit umsetzte. Mit dem Schwungrad der Ökonomie machte er große Politik; und um künftige Kriege zu vermeiden, verschmolz er die Montanindustrien der westeuropäischen Staaten miteinander. Unerwartet zügig vollzog sich von nun an jener Weg der Deutschen in den Westen, der sie in nur zehn Jahren vom besiegten und besetzten Land zum fast gleichberechtigten und integrierten Partner aufsteigen ließ.

Schwierig gestaltete sich in diesem Rahmen allerdings die andere, dem Schuman-Plan gleichende und wenige Monate nach dem Beginn des Koreakrieges (25. 6. 1950) von Frankreichs Ministerpräsident Pleven unterbreitete Initiative, auch im militärischen Bereich eine europäische Armee mit übernationaler Organisation zu schaffen. Daß die Europäische Verteidigungsgemeinschaft (EVG) im August 1954 endgültig in der französischen Nationalversammlung gescheitert ist, verweist in ganz spezifischer Form auf die im Leben der Staaten bis dahin mehr als ungewöhnliche Forderung, eigene Souveränität gemeinsamer Integration zu opfern. Verständlicherweise war es gerade in militärischer Perspektive für die französische Großmacht über Gebühr schwierig, ihre Armee, den geradezu unverwechselbaren Ausdruck der Souveränität eines Staates, auf diese Art und Weise, und sei es auch nur teilweise, der Disposition anderer zu überlassen. Für die entwaffnete Bundesrepublik, die ohne jede Streitkraft eher einem Protektorat als einem Staat glich, wurde dieser „schwarze Tag für Europa"[40] dagegen rasch überwunden: Sozusagen ohne kontinentaleuropäische „Zwischenschaltung"[41], freilich im Verbund der Westeuropäischen Union (WEU), wurde sie bereits im Oktober des Jahres dazu eingeladen, dem Nordatlantik-Pakt (NATO) beizutreten.

Daß die Entscheidung für den Westen, die mit einer Frontstellung gegen den Osten untrennbar einherging, von den historischen Alternativen der deutschen Geschichte begleitet, behindert und in dialektischer Form sogar gefördert wurde, die Konrad Adenauer ein für allemal ins Reich der Schatten verbannen wollte, erscheint nur natürlich. Zweifellos am bedeutendsten in diesem Zusammenhang nahm sich die am 10. März 1952 von Stalin an die drei Westmächte gerichtete Note aus, die bis heute von den einen als leichtfertig vertane Chance und von den anderen als bedachtsam zurückgewiesene Versuchung beurteilt wird. Was hatte es damit auf sich?

Als sich das klassische Ziel sowjetischer Außenpolitik, die kapitalistischen Staaten Europas, vor allem also die Westmächte und die Deutschen, niemals zu einer „Einheitsfront" zusammenfinden zu lassen, sondern vielmehr in Frontstellung gegeneinander zu manövrieren, offensichtlich ins Gegenteil des Erstrebten verkehrte und die auf allen Ebenen dynamische Westintegration sogar einen gegen die UdSSR gerichteten Block entstehen ließ, warf der sowjetische Diktator den vermeintlichen Erisapfel eines verlockenden Angebots in die weltpolitische Arena, das die staatliche Wiedervereinigung und bewaffnete Neutralisierung Deutschlands vorschlug. Doch sein ebenso chancenreich vager wie riskant changierender Appell an das Nationalgefühl der Deutschen, die er schon Jahre zuvor in ihrer tiefen Erniedrigung, voll Schmeichelei und Ernsthaftigkeit in einem, als die umworben hatte, die neben dem sowjetischen Volk „die größten Potenzen in Europa zur Vollbringung großer Aktionen von Weltbedeutung besitzen"[42], verhallte ohne die gewünschte Resonanz. Im ausdrücklichen Einverständnis mit dem deutschen Bundeskanzler winkten die Amerikaner, Briten und Franzosen am 25. März 1952 ab, weil sie die Westbindung der Westdeutschen für vorrangiger und vorteilhafter hielten als die Wiedervereinigung der Deutschen unter unwägbarem, möglicherweise stalinistischem Vorzeichen.

Konrad Adenauer aber steuerte den einmal eingeschlagenen Kurs unbeirrt weiter: Gerade in dieser historischen Entscheidungslage also, die die Sowjets angesichts der noch nicht abgeschlossenen Einfügung der Bundesrepublik Deutschland in den Westen mit weiteren, teilweise über das ursprünglich Angebotene verlockend hinausgehenden Offerten bis ins Jahr 1954 offenzuhalten versuchten bzw. zu ihren Gunsten zu schließen bemüht waren, rangierten die Sicherung der Freiheit und des Friedens uneingeschränkt vor der nationalen Einheit, die eben auf diesem Wege und nicht anders zu erreichen war. Demgemäß aber konnte sich Westdeutschlands Entwicklung zur Souveränität, die deckungsgleich mit dem Weg des Landes in den Westen verlief, Zug um Zug verwirklichen: Über den am 26. Mai 1952 unterzeichneten „Vertrag über die Beziehungen zwischen der Bundesrepublik Deutschland und den Drei Mächten", der gemeinhin Deutschland-, General-

oder Bonner Vertrag genannt wird: er sah vor, das Besatzungsregime zu beenden, gewährte eine durch alliierte Sonderrechte eingeschränkte Souveränität und verpflichtete die Unterzeichnerstaaten, als gemeinsames Ziel „ein wiedervereinigtes Deutschland" zu verwirklichen, „das eine freiheitlich-demokratische Verfassung, ähnlich wie die Bundesrepublik, besitzt und das in die europäische Gemeinschaft integriert ist"[43]; bis hin zu den Pariser Verträgen vom Oktober 1954, die die Beziehungen zwischen den Staaten der westlichen Gemeinschaft neu regelten: sie begründeten die WEU, sahen den Eintritt der Westdeutschen in die NATO vor und fixierten zwischen der Bundesrepublik Deutschland und Frankreich das Saarstatut, das die ins Auge gefaßte Europäisierung dieses Landes von einer Abstimmung seiner Bevölkerung abhängig zu machen bestimmte.

Erreicht wurde das Ziel dieser erstaunlichen Expedition aus dem unvorstellbaren Chaos der totalen Kapitulation zu einer neuen Ordnung der deutschen Angelegenheiten am 5. Mai 1955, als mit dem Inkrafttreten der Pariser Verträge die Bundesrepublik Deutschland souverän wurde. Souveränität bedeutete freilich nicht, aller Bindungen ledig zu sein, sondern beruhte gerade darauf, sich an den Westen zu binden; und sie wurde den Deutschen nicht im traditionellen Sinne unbegrenzt zuteil, sondern vielmehr kontrolliert gewährt: Limitiert war sie beispielsweise durch freiwillige Beschränkungen auf dem Felde der Rüstungspolitik wie dem Verzicht auf die Herstellung von ABC-Waffen, aber auch durch alliierte Vorbehalte in bezug auf Berlin, im Hinblick auf Gesamtdeutschland und für den Fall des nationalen Notstandes.

Innenpolitisch vollzog sich das alles beileibe nicht reibungslos, sondern war, wie hätte es angesichts der Bedeutung solcher Probleme auch anders sein können, vielmehr heftig umstritten. Maßgeblich begünstigt wurde der außenpolitische Kurs des alten Kanzlers durch eine wirtschaftliche Konjunktur ohnegleichen, die die nationale Misere für die Westdeutschen erträglicher machte und sie im „Wirtschaftswunder" Ludwig Erhards scheinbar sogar Vergessen finden ließ. Wie durch eine „Entente cordiale im Wohlstand"[44] gezähmt, schienen sie endlich so zufrieden zu sein, wie dies Maurice Martin du Gard bereits im Februar 1945 vorschwebte, als er noch vor dem Ende des schrecklichen Krieges an André Gide schrieb[45]: „Einziges Mittel, Deutschland zu entwaffnen: ... Man muß es glücklich machen ... Mir schwebt das Bild eines mit dem Glück verheirateten Deutschlands vor. Wir ... wissen, wie sehr dieser Menschenschlag die Gemütlichkeit, das wohlgeordnete Leben, die einfachen Lebensfreuden, das Familienleben schätzt. *Da* kann man den Hebel ansetzen".

Gott sei Dank freilich begnügten sich die Westdeutschen nicht damit, so zu sein, wie es sich Winston Churchill mit einem durch die Kriegslage verständlichen Anflug von Zynismus am 26. August 1941 auf einer Kabinettssitzung für die Zukunft gewünscht hatte, als er das doppelte Kriegsziel Großbritanniens gegenüber Deutschland, nämlich das englische Interesse an einer totalen Entwaffnung und an einer florierenden Wirtschaft Deutschlands, in die Formel faßte: „fett, aber impotent"[46]. Vielmehr bemühten sie sich aufrichtig darum, der Tatsache die gebührende Beachtung zu schenken, die Theodor Heuss, als er Bundespräsident wurde, in die zugleich bewegenden und verpflichtenden Worte faßte[47]: „Die äußere Macht ist verspielt, die moralische muß gewonnen werden". Längst nicht mehr furchterregende Helden, aber auch nicht nur selbstgenügsame Phäaken, suchten sie Versöhnung mit der vor einigen Jahren noch bekriegten und von ihnen geschundenen Welt, verpflichteten sich am 10. September 1952 im Luxemburger Abkommen zu materieller Wiedergutmachung gegenüber Israel und unterzeichneten am 27. Februar 1953 das Londoner Schuldenabkommen: Nachdem ihnen von den ehemaligen Kriegsgegnern, beispielsweise im Zuge des Marshall-Plans, erst einmal selbstlos geholfen worden war, standen sie nunmehr für die finanzielle Gesamtschuld gerade, die die Bundesrepublik anstelle des Deutschen Reiches zu übernehmen hatte.

Fortschritte, Leistungen und Erfolge vermochten allerdings nicht über die fundamentale Paradoxie hinwegsehen zu lassen, die den neuen Staat von seiner Geburt an belastete. Sie zog sich in der immer wieder aufgeworfenen Frage zusammen, ob er in erster Linie als Provisorium bis zur Wiedervereinigung zu gelten habe oder ob er sich nicht nolens volens als Staat unter Staaten, bis zu einem gewissen Grade wenigstens, akzeptieren müsse; ob er bevorzugt als Transitorium auf dem Weg ins geeinte Europa wirken wolle und wie sich diese supranationale Verpflichtung gegenüber dem Westen mit der nationalen Wiedervereinigung nach Osten vereinbaren lasse. Nur eine vergleichsweise kurze Zeit lang, im Verlauf der fünfziger Jahre bis an deren unruhiges, ja stürmisches Ende, existierte die idealiter entworfene Deckungsgleichheit von atlantischer, europäischer und deutscher Orientierung, die die Bonner Außenpolitik so vorteilhaft befördert hatte. In den sodann immer massiver aufkommenden Zweifeln daran, ob sich das etwas später, während der „roaring sixties", als traditionelle Forderung deutscher Außenpolitik zur Diskussion gestellte Ziel der nationalen Wiedervereinigung in absehbarer Zeit überhaupt noch erreichen lasse, verdichteten sich ein ums andere Mal die mannigfachen Bedenken von ganz unterschiedlicher Herkunft. Sie verließen die Westdeutschen, die durchaus Sicherheit besaßen, ohne sich recht sicher zu fühlen, im Grunde zu keinem Zeitpunkt ihrer materiell schon bald so üppigen Existenz.

Erneut zum reinen Objekt der Sieger degradiert werden zu können, den Alptraum von einem neuen Potsdam erleben zu müssen, sowjetisch-amerikanischem Schacher geopfert zu werden, oder zwischen eine französisch-russische Allianz zu geraten, waren Befürchtungen, die vor allem den alten Kanzler zeit seines Lebens heimsuchten. Weit weniger konkret, aber nichtsdestoweniger ernsthaft wurden auch die Bewohner dieser von den kräftigen Sonnenstrahlen des „Wirtschaftswunders" angenehm erwärmten Wohlstandslandschaft immer aufs neue von unbestimmten Sorgen und undefinierbaren Ängsten befallen, die, lange Zeit wenigstens, in die mißtrauische Frage nach dem „pourvu que ça dure" einmündeten. Unübersehbar wurden denn auch bereits während dieser außenpolitisch für die Bundesrepublik so erfolgreichen Jahre, in denen durch die maßvolle Großzügigkeit Frankreichs und die nachgiebige Zähigkeit der Bonner Regierung die „Wiedervereinigung im kleinen"[48] mit der Saar zum 1. Januar 1957 zustande kam, gefährliche Risse in der äußeren Architektur des westdeutschen Staates sichtbar: Sie verwiesen auf die Erschütterungen einer neuen Zeit mit ihren bis dahin unbekannten Bruchlinien und überraschenden Verwerfungen im Zwischenstaatlichen.

Weil sich der Wind der Weltpolitik ganz allmählich drehte, der Sturm weltmächtlicher Konfrontation abzuflauen und die Ruhe der Détente einzukehren begann, ebbte auch die für die Bundesrepublik Deutschland, was ihr

Streben nach Gleichberechtigung, nicht freilich, was ihr Verlangen nach Einheit anging, so extrem günstige Konjunktur des Kalten Krieges mehr und mehr ab. Die Empfindlichkeit des von der internationalen Politik so abhängigen Bonner Staates trat deutlich hervor; das „Unfertige"[49] seiner Existenz wurde kraß sichtbar; und die notdürftig beigelegte Unruhe seiner Bürger regte sich erneut. Bereits seit der Mitte der fünfziger Jahre wurde ja mit solchem Vorrang über die Notwendigkeit der Abrüstung und eine Entspannung zwischen den Blöcken diskutiert, daß die bis dahin für den Westen allgemein verbindliche Formel, wonach die deutsche Wiedervereinigung der Schlüssel im Schloß zur weltpolitischen Détente sei, brüchig wurde. Diese Entscheidung zog auch die bis dahin gültige Räson der jungen Republik in arge Mitleidenschaft, durch westliche Integration zugleich staatliche Souveränität und nationale Einheit zu finden. In der Tat: Auf der Genfer Konferenz der vier Außenminister im Frühjahr und Sommer 1959 wurde die Frage einer deutschen Wiedervereinigung überhaupt zum letzten Mal als zentrales Problem der Weltpolitik behandelt.

Daß diese Entwicklung ungeachtet des

mächtigen Zuges einer neuen Zeit, deren Sorgen vor allem in den Problemen der Pax Atomica begründet lagen, den Deutschen selbstverständlich nicht gleichgültig sein konnte, bezeugt nicht zuletzt Konrad Adenauers im Jahre 1955 eingeleitete Ostpolitik. Unter dem Rubrum: „Im Osten nichts Neues" folgte er — was seine Landsleute anging, freilich nicht, was die von ihm unterrichteten Westmächte betraf — der Maxime Descartes' und schritt maskiert voran: „Larvatus prodeo". Denn daß Bewegung in der „deutschen Frage" vor allem die Ruhe im eigenen Land voraussetzte und daß eine Lösung des nationalen Problems der Deutschen nur in Moskau erreicht werden konnte, war ihm dabei von Anfang an klar. Nachdem er die Bundesrepublik Deutschland unverrückbar im Westen verankert hatte, unterzog er sich der unvergleichlich schwierigeren Moskauer Mission. Das hob ihn charakteristisch ab von den auf Polen zielenden ostpolitischen Kontakten des Auswärtigen Amtes, dem er, ganz im Gegensatz zu den damals polnischen Präferenzen seiner Diplomaten, grundsätzlich deshalb mißtraute, weil er bei dieser Behörde die Existenz einer „Rapallo-Tradition" witterte: Diese fürchtete er beinahe ebenso mythisch, wie das die Franzosen tun. Gegen den Rat engster Mitarbeiter nahm er diplomatische Beziehungen zur Sowjetunion auf und versuchte die daraus entstehenden Nachteile für den Alleinvertretungsanspruch der Bundesrepublik durch die Hallstein-Doktrin zu lindern. Diese stellte, mit Ausnahme der Sowjetunion als einer der vier für Gesamtdeutschland verantwortlichen Mächte, alle anderen Mitglieder der Staatenwelt kompromißlos vor die Wahl der Ausschließlichkeit, entweder mit der Demokratie von Bonn oder der Diktatur von Pankow diplomatische Beziehungen zu unterhalten. Das war erfolgreich, solange die Doktrin konsequente Anwendung fand. Die maßgeblichen Resultate der Moskauer Reise des Bundeskanzlers aber, die Normalisierung der Beziehungen zwischen den beiden Staaten durch Botschafteraustausch und die Rückkehr von 10 000 bis dahin noch in der Sowjetunion zurückgehaltener deutscher Kriegsgefangener in die Heimat, begründeten, ohne daß diese Elemente offiziell miteinander verbunden worden waren und tatsächlich doch zusammengehörten, eine schwierige Tradition der Bonner Ost- und Deutschlandpolitik. Ihr Dilemma lag auf der Hand: Der östlichen Seite wurden politische Zugeständnisse eingeräumt, die nicht oder kaum wieder rückgängig zu machen waren; dafür erhielt man selber jene menschlichen Erleichterungen, die ihrerseits einmalig oder revozierbar waren. Von der Mitte der fünfziger Jahre an, nicht erst in der Dekade darauf oder im Zeichen der Neuen Ostpolitik Willy Brandts, stellte sich daher die Frage, die freilich im Ausmaß und in der Intensität noch nicht so schwerwiegend ausfiel, im Prinzip aber nichtsdestoweniger aufgeworfen war: Drohte eine unter dem Druck der Forderungen ihrer Öffentlichkeit stehende Demokratie in dieser Perspektive nicht einer davon weitgehend enthobenen Diktatur unterlegen zu sein? Mußte sie nicht, nahezu notwendig, auf eine schiefe Ebene ungleicher Bilateralität geraten, und würde sie nicht mehr und mehr an Wertbeständigem gegen Zeitweiliges hinzugeben gezwungen werden? Oder sollten das menschlich Willkommene und politisch Nachteilige letztlich doch ganz anders, ja geradezu umgekehrt wirken? Konnte die in solcher Prozedur scheinbaren Nachgebens aufgehobene Überlegenheit eine derart werbende Kraft entwickeln, daß die andere Seite der Praxis des Humanen und der Idee der Freiheit à la longue nicht standzuhalten vermochte?

Seit Adenauers Tagen also begleitete die elementare Frage danach, inwieweit das anziehend Weiche auf Dauer sogar das furchterregend Harte zu überwinden vermag, die Ost- und Deutschlandpolitik der Bonner Republik. Die Antwort darauf erschien um so maßgeblicher und offener, je stärker und entschiedener Adenauer sich in den letzten Jahren seiner Kanzlerschaft, zwischen 1958 und 1962/63, im Zuge seiner weitgehend geheim geführten Ostpolitik daranmachte, im Gegensatz zur bislang propagierten Deutschlandpolitik alternative Konzeptionen ins Gespräch zu bringen und einen Modus vivendi mit dem Osten zu finden, um sodann, nach einem längeren Intervall, der Lösung der „deutschen Frage" erneut näherzutreten. In dieser Perspektive zielte der den Sowjets im März und April 1958 unterbreitete Vorschlag auf eine „Österreich-Lösung" für die DDR und sah für den Pankower Staat innenpolitische Freiheit sowie außenpolitische Neutralität vor. Der sog. „Globke-Plan" in seinen Ausfertigungen vom Jahre 1959 und 1960, der als die interne Grundlage dieser Deutschland- und Ostpolitik Adenauers zu gelten hat, verfuhr nach der Losung: erst Freiheit für die DDR, danach Wiedervereinigung für Deutschland. Und der

Entwurf eines Chruschtschow im Juni 1962 angebotenen „Burgfriedens" proponierte, um den Preis politischer und menschlicher Erleichterungen für die Deutschen in der DDR zehn Jahre lang den Status quo zu respektieren. Allesamt aber hoben sie darauf ab, das Verhältnis gegenüber der Sowjetunion zu normalisieren und gleichzeitig Fortschritte auf dem wie tot daliegenden Gelände der Deutschlandpolitik zu erzielen.

Diese nicht zum Zuge gekommenen Versuche des alten Staatsmannes fielen in einen Zeitraum der sich erneut heftig regenden Weltpolitik, als nämlich nicht, wie das ursprünglich einmal so hoffnungsvoll angenommen wurde, der sich auf die Verteidigung des Bestehenden beschränkende Westen die Initiative zur Lösung der „deutschen Frage" ergriff. Ganz im Gegenteil dazu brach vielmehr der risikofreudige Chruschtschow nunmehr zu einer mächtigen Offensive auf, die, vom Berlin-Ultimatum 1958 bis zur kubanischen Raketenkrise von 1962, nicht zuletzt auch das Deutschlandproblem im östlichen Sinne zu regeln entschlossen schien und die Welt an den Rand eines dritten großen Krieges führte. Und umgehend kam die bange Frage auf: Würde Berlin zu einem neuen Sarajewo oder Danzig werden; sollte man dafür das eigene Leben und die Zivilisation der Menschheit opfern? Ein ums andere Mal aber wurde Konrad Adenauer, der im Verlauf der sich lange hinziehenden Berliner Krise von den westlichen Partnern und Schutzmächten das äußerste forderte, ohne für sein eigenes Land das äußerste zu riskieren, die Zerbrechlichkeit der Bundesrepublik Deutschland klar: Zwar repräsentierte sie eine „europäische Großmacht"[50] von neuer, integrierter Qualität, gab aber „in dem großen Spiel in der Welt eben doch nur eine ganz kleine Figur"[51] ab.

Im „Jahr des Schocks"[52] 1961 klärte die Errichtung der Berliner Mauer, abstoßendes Symbol des menschenverachtenden „Panzerwagenkommunismus" (Ernst Fischer), in vielerlei Hinsicht die internationale Konstellation. Endgültig zerstoben alle Illusionen, die sich bereits am 17. Juni 1953 beim Volksaufstand in der DDR so hoffnungslos verflüchtigt hatten, wonach im deutschen Sonderkonflikt mit der Sowjetunion auf den Westen zugunsten einer Lösung der nationalen Frage gezählt werden könne. Mit staatsmännischer Zurückhaltung, die ihn viele Sympathien seiner Landsleute kostete, verzichtete daher Konrad Adenauer auf jede Geste von Balladenpolitik, deren mannhafte Trutzigkeit leicht in kriegerischem Blutvergießen hätte enden können. Höchst verantwortungsvoll demonstrierte er vielmehr die Friedensfähigkeit seines Landes.

Sein Mißtrauen allerdings gegenüber dem nach seinem Urteil geradezu détentebesessenen Amerika des jungen Präsidenten Kennedy wuchs. Um so entschlossener baute er deshalb jene Rückversicherungslinie noch weiter aus, die für den Fall, daß Amerika sich von seinen europäischen Verpflichtungen entfernte, auf den Schutz Frankreichs reflektierte und den westlichen Nachbarn gleichzeitig von einer Hinwendung zur Sowjetunion abzuhalten bestrebt war. In der Bundesrepublik Deutschland begann damit die große außenpolitische Debatte zwischen „Atlantikern" und „Gaullisten", die im Prinzip beide nicht auf den atomaren Schutz der Amerikaner verzichten wollten. Freilich gedachten ihn die einen zu unabhängigeren Bedingungen vom amerikanischen Hegemon zu genießen als die anderen, die den neuen europäischen Patron im Grunde für noch strenger als die Amerikaner und vor allem für zu schwach hielten, um ihm die fragile Sicherheit des eigenen Landes anvertrauen zu können.

Dieser tiefgehende und für die Bundesrepublik dennoch überbrückbare Hiatus fand seinen sinnfälligen Niederschlag im deutsch-französischen Vertragswerk vom Jahre 1963. Denn die angelsächsisch eingefärbte Präambel, die der Bundestag dem am 22. Januar unterzeichneten deutsch-französischen Freundschaftsvertrag im Ratifizierungsgesetz am 16. Mai 1963 ausbalancierend beigesellte, relativierte die Exklusivität der „entente élémentaire"[53]. Ungeachtet der Enttäuschung Adenauers und des Generals de Gaulle und ungeachtet der für die Bundesrepublik so lebenswichtigen Ergänzung um die atlantische Bindung entwickelte die Existenz des Elysee-Vertrages schöpferisches Eigengewicht und gereichte Europa insgesamt zum Vorteil.

Nicht zuletzt auch in sicherheitspolitischer Perspektive gewann Frankreich für die Westdeutschen eine solche Bedeutung, daß es schon eine Dekade darauf nach dem Urteil von Bundeskanzler Helmut Schmidt „ganz dicht hinter Amerika"[54] rangierte. Vorläufig aber, im Januar bzw. Mai 1963, mischten sich noch auf merkwürdige Weise Genugtuung und Betrübnis, bis sich, davon ganz unabhängig, die zukunftweisenden Elemente der deutsch-französischen Sonderbeziehung von so mancherlei retardierenden Umständen befreien und eine geschichtsmächtige Entwicklung beförderten.

### III.

Zu Beginn der sechziger Jahre geriet die Bundesrepublik Deutschland ganz unübersehbar in außenpolitische Schwierigkeiten. Diese problematische Lage wurde vor allem aus innenpolitischen Motiven zur Stunde der Opposition. Als das Schiff ins Schlingern geriet, sprang sie helfend ein, um Kurs zu halten. Noch im März 1959 mit ihrem „Deutschland-Plan" hervorgetreten, der von den alten Rezepten der Atomwaffenfreiheit und Entmilitarisierung, der Neutralität und des Disengagement in Mitteleuropa getragen war, schwenkte sie nur ein Jahr später auf die bislang so vehement abgelehnte Linie der Regierung ein. Eben in dem historischen Augenblick, als die Deckungsgleichheit aus atlantischen, europäischen und deutschen Interessen in Adenauers außenpolitischer Architektur zu zerbersten drohte, bekannte sich die SPD zum westlichen Bündnissystem und akzeptierte den Vorrang der Westbindung gegenüber der Wiedervereinigung. Dem bemerkenswerten Angebot des General de Gaulle, das in seiner gezielten Unverbindlichkeit die Aufmerksamkeit der westdeutschen Außenpolitik während der sechziger Jahre immer wieder aufs neue erregte, wonach die Wiedervereinigung Deutschlands durchaus mit französischem Interesse übereinstimmen könne, solange sie sich nur „ohne zu großen Ehrgeiz in Grenz- und Rüstungsfragen"[55] vollziehe, begegneten die Sozialdemokraten dabei mit insgesamt noch mehr Distanz als die über dieser Frage entzweite Union.

Alles in allem legten die Westmächte jetzt die alte Formel, wonach die globale Entspannung nur durch die deutsche Wiedervereinigung zu erreichen sei, konsequent beiseite; die Umkehrung des bisher Verbindlichen deutete sich dagegen ganz unverkennbar an. Risse im Verhältnis zur amerikanischen Hegemonialmacht, Stagnation der Europabewegung, Renaissance der Nationalstaaten, und die langen Schatten ihrer Vergangenheit, die das Land erst jetzt mit Macht einzuholen begannen, ließen in den Deutschen ein Gefühl der Bedrohung und Unruhe aufkommen, das Frankreichs Botschafter Seydoux im Herbst

1966 in die nachdenklich warnenden Worte faßte: Sie „fühlten sich plötzlich allein gelassen"[56].

Zukunftweisend für die äußere Politik der Bundesrepublik Deutschland in der kommenden Dekade der siebziger Jahre wurde, daß die Amerikaner sie zur Bewegung nach Osten hin drängten und dem Bonner Klienten immer ungeduldiger empfahlen, nicht mehr länger „mit den Füßen ... im Beton"[57] zu stehen. Entschlossener und wirkungsvoller als die außenpolitisch in sich zerstrittene und zögernde Union folgte die eindeutig atlantisch orientierte Sozialdemokratie diesem Gebot. In einer für das westdeutsche Parteiengefüge jener Zeit charakteristischen Verschränkung der Fronten regierte sie ganz allgemein aus der Opposition heraus mit und unterstützte im speziellen Fall die vorsichtig auf eine „Auflockerung unserer Ostpolitik"[58] zielenden Bemühungen des christdemokratischen Außenministers Schröder gegenüber den Kritikern dieses Kurses in seinen eigenen Reihen. Der neue Bundeskanzler Erhard dagegen, voll guten Willens, der Außenpolitik gegenüber jedoch ganz und gar fremd, versuchte im Gegensatz dazu, noch einmal Positionen deutscher Außen- und Ostpolitik zu beziehen, die bereits in Konrad Adenauers Arkanpolitik während des letzten Jahrfünfts seiner Kanzlerschaft geräumt worden waren. Gegen den Strom der Zeit bemühte er sich vergeblich darum, das Thema der deutschen Wiedervereinigung erneut auf die Tagesordnung der Weltpolitik zu lancieren.

In welchem Maße überhaupt moralische Überzeugungen Erhards politisches Handeln bestimmten, wurde in seiner wahrscheinlich wichtigsten außenpolitischen Entscheidung sichtbar, die am 11. August 1965 zur Aufnahme diplomatischer Beziehungen mit Israel führte. Das war eine prima vista unkluge, wenn auch über den Tag hinaus richtige Entscheidung, mit der der Kanzler, moralisch ganz unanfechtbar und auch politisch nur begrenzt nachteilig, gegen den Willen der arabischen Welt für das Volk der Juden eintrat.

Unterdessen hatte Außenminister Schröder eine Politik der Bewegung eingeleitet, neue Kontakte nach Ostmitteleuropa geknüpft und eine alte Traditionslinie deutscher Außenpolitik, unter freilich gänzlich veränderten Vorzeichen, wieder aufgenommen. Durch gezielte Ausklammerung der DDR gedachte er diese so offenkundig zu isolieren, daß sie „auf der Landkarte Europas" wie ein „politische(r)

Anachronismus"[59] wirken mußte. Durch Abschluß von Handelsverträgen mit Polen, Rumänien und Ungarn im Verlauf des Jahres 1963, dem sich 1964 ein entsprechendes Abkommen mit Bulgarien anschloß, schien diese Strategie der Umgehung, die gleichzeitig den Auftakt zum Ende der „Hallstein-Doktrin" beschrieb, Erfolg zu versprechen, bis sie sich in den Verhandlungen mit der Tschechoslowakei festlief: Scharf bremsend trat die Sowjetunion auf den Plan und machte unmißverständlich klar, wer der Wirt war, bei dem die maßgebliche Rechnung zu begleichen war. Zudem wurde Schröders Versuch, die DDR zu isolieren, gerade dadurch unterlaufen, daß gleichzeitig vom freidemokratischen Koalitionspartner zusammen mit dem sozialdemokratischen Bürgermeister von Berlin, Willy Brandt, Passierscheinverhandlungen eingeleitet und vereinbart wurden: Durch Besuchsregelungen für West-Berliner in Ost-Berlin intensivierten sie gerade die Kontakte mit der DDR, die der Außenminister seinerseits mit einer Art von Quarantäne zu belegen suchte. Fordernder noch als zuvor schon stellte sich damit erneut die Frage nach der Vereinbarkeit zwischen rechtlichen Positionen und menschlichen Erleichterungen;

ein Dilemma westdeutscher Ost- und Deutschlandpolitik spitzte sich ganz unverkennbar zu.

Insgesamt kam in der nun anbrechenden liberalen Ära der sechziger Jahre deutschlandpolitische Bewegung auf; sie ließ die für Wandel, Lockerung und Öffnung eintretenden Sozial- und Freidemokraten außenpolitische Gemeinsamkeiten entdecken, die für beide im Ablauf von nur wenigen Jahren zur Brücke und Basis einer innenpolitischen Koalition wurden. Daß eine Erörterung der „deutschen Frage" jetzt aufs neue einsetzte, war nicht weiter verwunderlich in einer Zeit, in der das überlieferte Konzept der Wiedervereinigung erst einmal für absehbar lange Zeit gescheitert war und die Wege nach Europa vorläufig unüberbrückbar blockiert wurden, während der traditionelle Nationalstaat, vor allem in Frankreich, in gewisser Hinsicht aber auch jenseits der Blockgrenze in Rumänien, als eine „finalité de l'histoire" seine Renaissance erlebte.

In der Bundesrepublik sah sich die sog. „Hallstein-Zeit" jetzt zunehmend heftig geführten Attacken ausgesetzt: In der Öffentlichkeit begann sich eine „Anerkennungspartei" auszubilden, und von der politischen

Rechten bis zur Linken, vom Gedanken einer „Europäisierung der deutschen Frage" im Sinne von Franz-Josef Strauß bis hin zum Plan einer „Konföderation" der deutschen Staaten nach dem Entwurf Herbert Wehners wurden, beinahe ohne Unterlaß, deutschlandpolitische Konzepte vorgelegt, erörtert und verworfen.

Solch emsige Aktivität konnte freilich nicht darüber hinwegtäuschen, daß sich die Bundesrepublik Deutschland, was ihre außenpolitische Position anging, in diesen Jahren der so kurzen „Ära Erhard" in einer ungemein schwierigen Lage befand. Während sich die europäischen Hoffnungen der Deutschen in endlosen Debatten um den Getreidepreis ins Unauffindbare verliefen und die Sowjetunion den Bonner Staat nach wie vor erbittert als Feind attackierte, schien der „diplomatische Spagat"[60], zu der Amerikaner und Franzosen die Bonner Außenpolitik nötigten, ihr tatsächliches Vermögen zeitweise arg zu überdehnen. Wer würde, darin zog sich die Existenzfrage des gefährdeten Staates zusammen, wenn es zum äußersten käme, mit allen ihm zur Verfügung stehenden Mitteln das „unmittelbar bedrohte Land"[61] an der Grenze zwischen den beiden Welten verteidigen?

Das war so lange unstrittig gewesen, wie der Kalte Krieg dominierte; das neue Gesetz der Weltpolitik aber hieß nicht mehr länger Konfrontation sondern Entspannung. Immer wieder legte Bundeskanzler Erhard, der dieses vitale Problem mit einer für ihn ungewöhnlichen Zähigkeit verhandelte, den Amerikanern die Frage vor, ob ihnen die NATO oder die Détente wichtiger und wie es um die Identität amerikanischer und deutscher Sicherheitsinteressen bestellt sei[62]: „Was würde geschehen, wenn Hamburg konventionell angegriffen würde? Würde man taktische nukleare Waffen einsetzen? Würde die Sowjetunion mit gleichen Waffen antworten? Wäre das dann der Augenblick, wo der [amerikanische] Präsident die Entscheidung zum großen Schlage treffen würde? . . . Dann käme die Alternative: Die Welt in Stücke zu schmeißen oder hinzunehmen, daß ein Land besetzt würde".

Alles in allem konnte niemals wirklich zweifelhaft sein, daß nur die Amerikaner und keine andere Macht des Westens zu wirksamen Schutze fähig sein würden. Vorteilhaft hinzu kam, daß sie dem westdeutschen Alliierten sogar in bezug auf eine Teilhabe an der nuklearen Verteidigung mehr zu bieten bereit waren, als das für den französischen Vertragspartner der Fall zu sein schien. Das Vorhaben der MLF, einer mit amerikanischen Atomraketen bestückten integrierten Überwasserflotte der NATO, bot den Deutschen in einem von den USA kontrollierten Rahmen der Nordatlantischen Verteidigungsgemeinschaft zumindest einen Zipfel jener unverwechselbaren Souveränität des Staates, die nach der ganz nüchternen Einschätzung des Generals de Gaulle letztlich allein in der Nuklearwaffe ihren Ausdruck fand. Als das von Beginn an arg künstlich anmutende MLF-Projekt schließlich scheiterte, erhielt die Bundesrepublik Deutschland, gleichsam als Ersatz für ihre nicht zustandegekommene Teilhabe an dieser „havarierten Gespensterflotte"[63] und im kompromißhaft gewahrten Sinne des aus der Mischung von Souveränität und Integration bestehenden Prinzips der Außenpolitik, einen Ständigen Sitz in der im Dezember 1966 gegründeten Nuklearen Planungsgruppe (NPG).

Zuvor aber, im März 1966, hatte die Bonner Regierung, dem bedächtigen Gradualismus ihres außenpolitischen Bewegungsgesetzes gemäß, der übermächtigen Strömung westlicher Détente-Bemühungen Tribut gezollt und hatte allen Regierungen in Ost und West, mit Ausnahme der DDR, eine „Friedensnote" übermittelt, die dem Osten gegenüber nunmehr auch offiziell eine Politik des Gewaltverzichts bekundete. Daß die außenpolitisch Verantwortlichen im übrigen selbst in schwieriger, ja extremer Entscheidungslage nicht daran dachten, die Souveränität ihres Staates außerhalb der westlichen Integration zu suchen, nicht ins Vergangene zurückfielen, sondern am Errungenen festhielten und die neue Selbstbegrenzung der alten Maßlosigkeit ohne Einschränkung vorzogen, wurde deutlich, als Staatspräsident de Gaulle im März 1966 den Austritt seines Landes aus den militärisch integrierten Organisationen der NATO verkündete. Daß damit verbunden umgehend eine Vielzahl brisanter Fragen aufbrach, ließ die Westdeutschen keinen Augenblick lang Zweifel an ihrer Orientierung hegen: „Wehe uns", so lautete das zutreffende Urteil Bundeskanzler Erhards[64], „wenn wir den Ehrgeiz hätten, jetzt zwischen den Fronten eine eigene Position aufzubauen". Verteidigungsminister von Hassel aber ließ diese Einsicht in die Worte fassen[65]: „Kein eigener deutscher Generalstab, festhalten am Integrationsprinzip".

Die bald schon nachfolgende Regierung der Großen Koalition aus Union und Sozialdemokratie bereitete auch in außenpolitischer Hinsicht, nach dem Urteil von Carlo Schmid – „homme des lettres", Parlamentarier von Rang und Minister im Kabinett Kiesinger – den „umprägenden Durchgang durch das Tor" vor, „das in die Zukunft führt"[66]. Erheblich verbessert wurde insbesondere das arg ramponierte Verhältnis zu den Vereinigten Staaten von Amerika: Die Aufregung über das Fernbleiben oder den Beitritt der Westdeutschen zum umstrittenen Atomwaffensperrvertrag konnte im Sinne des integrierten Einlenkens beigelegt werden. Und was die zwischen beiden Allianzpartnern strittigen Fragen der Ausgleichszahlungen für die amerikanischen Truppen in Deutschland anging, so stellten sie bei erneut anziehender Wirtschaftskonjunktur schon bald kein ernsthaftes Problem mehr dar. Ja, die reichen Westdeutschen wurden mit ihrer starken DM weit darüber hinaus und sehr zum Verdruß des Generals de Gaulle, für die durch ihren asiatischen Krieg über Gebühr belasteten Amerikaner und ihren infolgedessen schwachen Dollar mehr und mehr zu einem „privilegierten Währungsvasallen"[67].

Leidlich gestaltet wurde aber auch die schwierige Beziehung zu Frankreich: Vor allem Außenminister Brandt war fest davon überzeugt, daß ungeachtet aller Schwierigkeiten, die der französische Präsident den übrigen Europäern damals zweifellos bereitete, immer „zu bedenken" sei, „was über aktuelle Streitfragen hinaus daran hängt, ob wir das deutsch-französische Verhältnis heil durch eine schwierige Periode hindurchbringen"[68]. „Paris ist der zweitwichtigste Partner, den wir brauchen", so umschrieb der sozialdemokratische Fraktionsvorsitzende Helmut Schmidt damals die schlichte Notwendigkeit einer solchen Politik[69]: „Man hat sich nur einmal den theoretisch extremen Fall aus[zu]malen, daß die Franzosen sagen zu den Polen oder zu anderen in Osteuropa, ja, Ihr habt ganz Recht, diese Deutschen sind wirklich Revanchisten. Wenn das geschähe, ich sage, es ist ein theoretischer Extremfall, ist die deutsche Außenpolitik erst einmal zu Ende. Niemand kann uns so entsetzlich schaden, wie die Franzosen, die wissen das auch, die drohen gar nicht damit, die wissen, daß das eine implizierte Drohung ist. Deswegen ... ist eine erhebliche Rücksichtnahme auf Frankreich unvermeidbar ...".

Was die während des gesamten Zeitraumes der sechziger Jahre über offene Frage eines englischen Beitritts zur europäischen Gemeinschaft anging, so versuchte Bonn zwischen den Briten, die nach Europa strebten, um die führende Rolle zu spielen, und Präsident de Gaulle, der sie eben deshalb mit einer Art von „milder Kontinentalsperre"[70] belegte, zu vermitteln – weil eben nur einer der erste sein konnte. Schließlich gab die überschäumende ökonomische Kraft der Bundesrepublik auf gleichsam indirekte Weise den Ausschlag: Nach dem besonnenen Urteil außenpolitischer Experten wie Kurt Birrenbach von der CDU oder Helmut Schmidt von der SPD war der Beitritt der Briten geradezu dringend erforderlich, um Europa in der notwendigen Balance auszutarieren. Ganz am Ende seiner auf Frankreichs Größe hin orientierten Regierungszeit ließ Staatspräsident de Gaulle noch, wenn auch zögernd, die Weichen umstellen, die von seinem Nachfolger dann endgültig auf den Kurs eines britischen Beitritts zur europäischen Gemeinschaft festgelegt wurden. Nicht zuletzt damit hatte Willy Brandt, zuerst als Außenminister, sodann als Regierungschef geholfen, im Westen ein Problem zu lösen; auf diese Weise bekam er den Rücken frei für die Ostpolitik, die er sodann als Bundeskanzler betreiben sollte. „Wandel durch Annäherung" zu schaffen, so lautete auf diesem Feld die programmatische Formel der Sozialdemokratie, die während der ersten Hälfte der sechziger Jahre für ihre Ostpolitik verbindlich blieb; „Sicherheit durch Normalisierung" zu suchen, schickte die SPD sich, in der Regierung um manche Erfahrung reicher geworden, am Ende der sechziger Jahre an. Beide Entwürfe sozialdemokratischer Ostpolitik aber lebten sodann, sei es in einer zeitlich aufeinanderfolgenden Dominanz des einen vor dem anderen, sei es in charakteristischer Gemengelage, im Verlauf der siebziger Jahre wieder auf.

Zuvor jedoch nahm die Regierung der Großen Koalition endgültig Abschied von der so lange schon überfälligen, dem Zug der Zeit gegenüber so arg verquer anmutenden Formel „Wiedervereinigung vor Entspannung". Einen „joint process"[71] beider Elemente zu verfolgen, erschien Bundeskanzler Kiesinger als das, was gerade noch realistisch, aber auch erforderlich war. Ganz bewußt knüpfte er damit an Planungen aus der Spätzeit Konrad Adenauers an und bewegte sich auf die Umkehrung der traditionellen Formel zu. Sie entfaltete sich unter seinem Nachfolger Brandt, als Anerkennung die Voraussetzung für Wandel bilden und die Bestätigung von existierenden Grenzen den Ausgangspunkt für deren allmähliche Durchlässigkeit markieren sollte. Kiesingers „neue Ostpolitik", von der der Regierungschef ganz bewußt sprach, bezog jetzt auch die DDR in die Politik des westdeutschen Gewaltverzichts ein und verlor dennoch das Ziel der Wiedervereinigung niemals aus dem Auge. Ebensowenig entging dem außenpolitisch geschulten Blick des Bundeskanzlers jedoch, daß ein wiedervereinigtes Deutschland, wie er es am 17. Juni 1967 in seiner vielleicht bedeutendsten außenpolitischen Rede umschrieb, „eine kritische Größenordnung"[72] besitzen würde und des europäischen Halts dringend bedürfe.

Insgesamt zeitigten die Tatbestände, die Staatssekretär Carstens dem Kabinett in einer schonungslosen Bestandsaufnahme über die westdeutsche Außenpolitik bereits am 14. Oktober 1966 eindringlich unterbreitet hatte, nach und nach unausweichliche Konsequenzen. Wenn sie sich auch nicht von heute auf morgen und nicht ohne parteipolitisch bedingte Verzögerungen ergaben, so stellten sie sich doch alles in allem als unaufhaltsam dar: Die Bundesrepublik Deutschland mußte von der für sie in gewisser Hinsicht so vorteilhaften Zeit des Kalten Krieges Abschied nehmen. Denn ungeachtet der sowjetischen Intervention in der Tschechoslowakei am 21. August 1968 blieb die globale Tendenz zur Détente unter dem Zwang der Pax Atomica ungebrochen. Bonn mußte sich, wollte es nicht vereinsamen, sondern womöglich ein Mehr an Eigenständigkeit an der Seite seiner westlichen Partner finden, der neuen Weltlage weit entschiedener als bisher anpassen. Dazu waren beherzte Schritte nach Osten ganz unumgänglich.

IV.

Tatsächlich Staat zu machen und historisch Entscheidendes zu bewirken, hatte in der kurzen Geschichte der Bundesrepublik Deutschland bevorzugt mit Außenpolitik zu tun. Das gilt für die Westpolitik Konrad Adenauers ebenso wie für Willy Brandts Ostpolitik. Für diese erhielt die neue sozial-liberale Regierung des in der westlichen Integration souverän gewordenen Bonner Staates am Ende des Jahres 1969 von den Westmächten

„grünes Licht", wenn auch beileibe „nicht völlig freie Hand"[73]. Erstaunlich rasch, ja für die Kritiker der Neuen Ostpolitik verantwortungslos überstürzt, kam es schon am 12. August 1970 zur Unterzeichnung des Moskauer Vertrages. Ohne ein Friedensvertrag zu sein, vereinbarte er Gewaltverzicht und legte die Unverletzlichkeit der in Europa bestehenden Grenzen fest. Daß diese Regelungen, die auf eine Normalisierung des Verhältnisses zwischen der Bundesrepublik Deutschland und der Sowjetunion gerichtet waren, nicht dem Ziel widersprachen, „auf einen Zustand des Friedens in Europa hinzuwirken, in dem das deutsche Volk in freier Selbstbestimmung seine Einheit wiedererlangt", wurde in dem von der Bonner Regierung der sowjetischen Seite übergebenen „Brief zur deutschen Einheit" dabei ausdrücklich festgestellt.

Schon bald darauf folgte der am 7. Dezember 1970 unterzeichnete Warschauer Vertrag. In der problematischen Grenzfrage, die zum Entsetzen der Polen, wenn auch letztlich zu Warschaus Gunsten, zwischen Bahr und Gromyko in Moskau verhandelt worden war, zeigten sich die Deutschen, weil Ostpolitik dieses Mal in einem ganz exponierten Maße auch Westpolitik war, sogar noch konzessionsbereiter, als dies gegenüber den Sowjets der Fall gewesen war. Denn ausdrücklich rangierte die Anerkennung des territorialen Status quo vor der Verpflichtung zum Gewaltverzicht. Wiederum war ein Normalisierungsvertrag abgeschlossen worden; im kommunizierenden Zusammenhang zwischen der Anerkennung von Grenzen und der Wahrung von Menschenrechten enthielt er ein dynamisches Element, das in die Zukunft wies. Eben in diesem politischen Zusammenhang aber wurde die Außenpolitik der Bundesrepublik Deutschland durch die Urteile des Bundesverfassungsgerichtes aus den Jahren 1973 und 1975 ganz spezifisch gebunden: Bis zum Abschluß eines Friedensvertrages galt es, von dem Fortbestand des Deutschen Reiches einschließlich der Ostgebiete jenseits von Oder und Neiße auszugehen. Daher konnte die Anerkennung der polnischen Westgrenze nur für den Bonner Staat erfolgen und war von einem Vorbehalt begleitet, der auch im Warschauer Vertrag zum Ausdruck kam. Mit anderen Worten: Der westdeutschen Außenpolitik wurde damit die Aufgabe gestellt, den Friedensvertragsvorbehalt uno actu aufrechtzuerhalten und zurückzunehmen; das aber glich und gleicht beinahe der

Quadratur des Kreises, deren Kompliziertheit sich nur mit dem Gang der voranschreitenden Zeit zu mildern und zu lösen vermag.

Zwar nur indirekt ein Gegenstand der westdeutschen Außenpolitik, doch ursächlich mit dem allgemeinen Prozeß der Normalisierung zwischen West und Ost verknüpft, wurde am 3. September 1971 das Abkommen der Vier Mächte über Berlin unterzeichnet. Von seinem Zustandekommen hatte die Bundesregierung die noch ausstehende Ratifizierung der Ostverträge abhängig gemacht. Ohne eine Lösung zu bieten, kam es doch zu einer Regelung des Berlin-Problems: Ein Modus vivendi auf der Basis von allgemeinem Gewaltverzicht und alliierten Vorbehaltsrechten erbrachte praktische Verbesserungen der Lage, ohne den seit 1961 bestehenden, also auf West-Berlin beschränkten Status quo-minus dafür zu verschlechtern. Diese Verhandlungen um Berlin waren allerdings nicht nur, in ganz charakteristischer Verknüpfung deutscher und sowjetischer Interessen, mit der Ratifizierung des Moskauer Vertrages, also mit den Beziehungen zwischen der Bundesrepublik Deutschland und der Sowjetunion verbunden. Sondern sie hatten weit darüber hinaus auch mit den amerikanisch-sowjetischen

Rüstungskontrollverhandlungen sowie der Gipfeldiplomatie des amerikanischen Präsidenten Nixon und des sowjetischen Generalsekretärs Breschnew zu tun: In spezifischer Weise verknüpfte die alte Reichshauptstadt „deutsche Frage" und Große Politik, die Regelungen über das Erbe des Zweiten Weltkrieges und die Bemühungen um die Verhinderung eines Dritten Weltkrieges miteinander. Nach wie vor war das Berlin-Problem alliierte Sache, zu der die Deutschen nur beizutragen, die sie indes nicht zu steuern vermochten. Und wie sie, darüber hinaus, ganz offensichtlich keine Deutschland- ohne Entspannungspolitik betreiben konnten, waren die Westmächte eben durchaus dazu in der Lage, Entspannungs- ohne Deutschlandpolitik zu verfolgen.

Die innenpolitisch bis zuletzt so leidenschaftlich umstrittenen Verträge mit Moskau und Warschau wurden am 17. Mai 1972 vom Deutschen Bundestag gebilligt. Ermöglicht wurde ihre Ratifizierung, deren Fehlschlagen den Bonner Staat mit gefährlicher Isolierung bedroht hätte, weil die Opposition der CDU/CSU sich durch mehrheitliche Stimmenthaltung außenpolitisch konstruktiv verhielt. Damit war gleichzeitig auch der Weg geebnet, um über den am 26. Mai 1972 zwischen der Bundesrepublik Deutschland und der Deutschen Demokratischen Republik unterzeichneten „Verkehrsvertrag" am 21. Dezember desselben Jahres zum „Grundlagenvertrag" zwischen beiden deutschen Staaten zu gelangen. Unbeschadet unterschiedlicher Rechtsauffassungen über den Zustand des deutschen Problems insgesamt wurden darin gegenseitige Beziehungen auf der Grundlage des Gewaltverzichts und zwischenstaatlicher Verkehr nach den Prinzipien der UNO-Charta festgelegt, ohne daß das Resultat ein Teilungsvertrag geworden wäre. Das Besondere des so normalisierten deutsch-deutschen Verhältnisses schlug sich darin nieder, daß Bonn und Ost-Berlin, dem Willen der Bundesrepublik gemäß, keine Botschafter akkreditierten, sondern ihre Interessen nur durch Ständige Vertretungen wahrnehmen ließen. In der eng damit verbundenen Staatsangehörigkeitsfrage, die ungeregelt blieb, und in dem „Brief zur deutschen Einheit", den die Bundesregierung der DDR im Zusammenhang mit dem „Grundlagenvertrag" übergab, wurden die Grenzen deutlich erkennbar, die einer umfassenden Regelung im deutsch-deutschen Verhältnis gesteckt blieben.

Als politisches Ensemble bezeichnen die Abkommen insgesamt eine Normalisierung im Verhältnis der Bundesrepublik Deutschland gegenüber dem Osten: Der Bonner Demokratie gewährten sie zusätzlich neuen außenpolitischen Spielraum. Gleichsam komplettiert definierte sich die Staatsräson des Landes als „Westbindung plus Ostverbindungen"[74]. Erreicht wurde dieser Zugewinn an außenpolitischen Möglichkeiten durch die weltmächtliche Détente. Doch es dauerte nicht lange, bis solch kühnes Ausschreiten der Bonner Regierung auf geradezu natürliche Hindernisse stieß. Willy Brandts Absicht, durch die Ostverträge „die Bundesrepublik gleicher werden zu lassen"[75]; sein Versuch, Washington nicht mehr in erster Linie zu konsultieren, sondern nur noch zu informieren; sein Ziel des „begrenzten Bilateralismus"[76] mit der Sowjetunion, der in seinem Zusammentreffen mit Breschnew in Oreanda während des September 1971 ebenso selbstbewußt wie beunruhigend zutage trat; und die Gefahr, durch deutsch-deutsche Politik, mochten die sog. Gipfeltreffen von Erfurt und Kassel im März und Mai 1970 auch erst einmal folgenlos verlaufen sein, „europäische Gleichgewichtsstörungen"[77] hervorzurufen, irritierten nicht nur Frankreich und Großbritannien, sondern vor allem auch die USA. Als dann, an der Jahreswende 1973/74, der „Ernstfall"[78] drohte und die DDR den Transitverkehr nachhaltig behinderte, versagte Brandts direkter Kontakt mit Breschnew. Wer Feind und Freund war, zeigte sich auf einmal ebenso unmißverständlich wie die Tatsache der wahren Machtverhältnisse: Schließlich mußte der Bundeskanzler den amerikanischen Präsidenten darum bitten, auf Moskau einzuwirken, um die störrische DDR zur Räson zu bringen. Zutreffend resümiert der beste Sachkenner des Untersuchungsgegenstandes, Werner Link, diesen Befund daher so[79]: „Bundeskanzler Brandt mußte gegen Ende seiner Regierungszeit die Erfahrung machen, daß die neue Ostpolitik nichts an der Grundtatsache geändert hatte, daß die Sicherheit West-Berlins und der Bundesrepublik Deutschland nur durch die westlichen Verbündeten gewährleistet werden konnte".

Nach wie vor also waren die Regeln des Staatensystems von 1948 in Kraft; nach wie vor hatte auch das Bewegungsgesetz westdeutscher Außenpolitik gerade für die Bonner Ostpolitik Geltung, wonach, um Existenzgefahr zu vermeiden, westliche Begleitung unter amerikanischer Führung für alle deutschen Exkursionen in unbekanntes Gelände als unerläßlich galt; und nach wie vor blieben Souveränität und Freiheit der jungen Republik an die festen Bindungen geknüpft, die von ihrem Beginn an zu ihrem eigenen Schutz und dem der anderen existierten.

Diese unverrückbaren Tatsachen setzten im Grunde auch allen gedankenreichen Experimenten und architektonischen Planungen über eine mitteleuropäische Friedensordnung, die ebenso scharfsinnig entworfen wurden, wie sie nicht selten spitzfindig wirkten, eine nahezu unüberschreitbare Grenze. Vor allem Egon Bahr, patriotischer „Vordenker" sozialdemokratischer Ost- und Deutschlandpolitik, nahm solche Überlegungen, die seit den sechziger Jahren andauerten, jetzt erneut auf. Damit trug er, ohne die Verbindlichkeit und den Maßstab der westlichen Wertewelt ernsthaft aufgeben zu wollen, dazu bei, daß immer stärker Zweifel darüber aufkamen, was die Deutschen eigentlich wollten. Blieben diese Planspiele auch weitgehend Konstruktionen auf dem Reißbrett, so trug ihre komplizierte Unverbindlichkeit doch nicht eben förderlich dazu bei, besorgte Fragen nach dem gegenwärtigen und zukünftigen Verhältnis von mitteleuropäischer Friedensordnung und westlichem Verteidigungsbündnis zufriedenstellend zu beantworten. Nicht übersehen werden darf in einem solchen geschichtlichen Zusammenhang westdeutscher Außenpolitik aber vor allem dies: Oftmals stärker in Entfernung als wirklich in Parallele zu derlei ebenso kunstvoll wie künstlich ausgetüftelten Planspielen der Ost- und Deutschlandpolitik, zu denen Willy Brandts Nachfolger im Kanzleramt, Helmut Schmidt, ganz sichtbar auf Distanz ging, nahm der niemals abreißende Zug nach Westen, die Flucht- und Wanderungsbewegung der Deutschen aus Ost- und Ostmitteleuropa sowie aus der DDR, seinen geschichtsmächtigen Verlauf. Er beschreibt, von der Endphase des Zweiten Weltkrieges bis heute andauernd, eine Fundamentaltendenz deutscher und europäischer Geschichte. Tatsächlich und ohne Unterlaß, repräsentiert er eine Entscheidung der Menschen für die Freiheit: Ihre magnetische Kraft, Grundlage der meisten, sich im Prinzipiellen oder im einzelnen durchaus voneinander abhebenden ost- und deutschlandpolitischen Konzeptionen des Westens, hat bis zur Stunde nicht zu wirken aufgehört.

Die Ostverträge, die das Terrain für den Eintritt beider deutscher Staaten am 18. September 1973 in die UNO geebnet hatten und die nach Überwindung der besonders sperrigen tschechoslowakischen Hürde am Ende jenes Jahres rasch zur Aufnahme diplomatischer Beziehungen Bonns mit allen ost- und ostmitteleuropäischen Staaten führten, sieht man von Albanien ab, bezeichneten aus sowjetischer Sicht der Dinge den Endpunkt, nach westlicher Überzeugung dagegen den Anfangspunkt einer Entwicklung. Dieses — in friedlicher Konkurrenz miteinander rivalisierende — Verständnis aller West-Ost-Regelungen aus dem Zeitalter der Détente verdichtete sich schließlich in der am 1. August 1975 in Helsinki unterzeichneten „Schlußakte" der „Konferenz für Sicherheit und Zusammenarbeit in Europa" (KSZE), die unter Mitwirkung der Vereinigten Staaten von Amerika und Kanadas tagte. Nach Auffassung der Sowjets diente sie als Ersatz für einen Friedensvertrag; nach Einschätzung des Westens, der darin durch die Außenpolitik der Bundesrepublik Deutschland tatkräftig bestärkt wurde, repräsentierte sie dagegen einen Modus vivendi.

Die Sowjets sahen im verbrieften Gewaltverzicht eine automatische Anerkennung der Nachkriegsgrenzen und des territorialen Status quo in Europa garantiert. Der Westen und die Bundesrepublik Deutschland vertrauten demgegenüber auf das in der vereinbarten „Zusammenarbeit in humanitären und anderen Bereichen" aufgehobene Element der Dynamik: Im Austausch von Ideen und im Kontakt von Menschen erblickten sie eine reelle Chance zum friedlichen Wandel des Bestehenden. Positives Vertragsrecht und unübersehbare Macht auf der einen, die Botschaft der Menschenrechte und die Missionskraft der Freiheit auf der anderen Seite erreichten von nun an ein neues, geregeltes Stadium ihres Wettbewerbs, der, wie eh und je in der Geschichte im Widerstreit von Ordnung und Idee, von Beharrung und Veränderung, von Kratos und Ethos, über Dauer und Wandel des Staatensystems von 1948 entscheiden wird.

Doch die so hochgehende Woge der Entspannung ebbte jetzt nach und nach ab. Für die Bonner Außenpolitik brachte dies verstärkte Spannungen mit den Vereinigten Staaten von Amerika mit sich, weil die Bundesrepublik Deutschland an dem für sie so vorteilhaften Kurs der Détente festhielt, ohne vorerst wahrhaben zu wollen, daß ihr Schiff dabei aufs Trockene geriet. Nach dem kritischen Urteil der Amerikaner schien ja bereits Willy Brandt nicht nur den Ehrgeiz zu besitzen, „der Adenauer der Ostpolitik"[80], sondern, wie ihm unterstellt wurde, auch der „Washington Europas"[81] werden zu wollen. Doch eben in dem Maße, in welchem ihm das erste gelang, weil die Amerikaner und der Westen es bis zu einem bestimmten Grade förderten, scheiterte sein Versuch, den USA gegenüber als Sprecher Europas aufzutreten, weil das als nicht mehr angemessen empfunden wurde.

Der Übergang von der Détente zur Konfrontation der Weltmächte, die sich als eine tiefgehende Entzweiung der Giganten im Gefolge des sowjetischen Überfalles auf Afghanistan am Jahresende 1979 bleibend ins Panorama der Staatenwelt einkerbte, stellte für Bundeskanzler Helmut Schmidt die seit den Tagen des Nahost-Krieges vom Jahre 1973 an für die westdeutsche Außenpolitik akute Frage nach der Möglichkeit oder Unmöglichkeit einer Teilbarkeit oder Unteilbarkeit der Entspannungspolitik aufs neue und noch schärfer: Würde Brandts Nachfolger nicht beinahe übermächtig zu einer wiederum fälligen Anpassung der Bonner Außenpolitik an die amerikanische Strategie gezwungen sein, oder würde er in vernünftig begrenzter Distanz dazu an dem inzwischen so Vertrauten festhalten können?

Nun, wie im innenpolitischen Bereich so trat auch auf außenpolitischem Feld mit Helmut Schmidts Kanzlerschaft an die Stelle der großen Tat die solide Konsolidierung des Erreichten: Im gleichsam nicht endenden Krisenmanagement gefährdete Bestände zu retten, beschreibt im spezifischen Zusammenhang der Zeit eine kaum hoch genug zu veranschlagende Leistung, mag sich das für die Darstellung in den Geschichtsbüchern auch weit weniger eignen als die Nachzeichnung wegweisender Entscheidungen deutscher Bundeskanzler wie Konrad Adenauer und Willy Brandt. Nüchtern schob der Regierungschef erst einmal die von ihm bespöttelten Gedankenspiele mit europäischen Sicherheitssystemen beiseite und erhob dafür seinerseits die Forderung nach einer westeuropäischen Verteidigungsgemeinschaft. Im Mittelpunkt ihrer atlantisch dimensionierten Existenz stand der Begriff des Gleichgewichts, der für alle Bereiche des Wirtschaftlichen und Zwischenstaatlichen, nicht zuletzt aber auch des Militärischen in Europa umfassend gelten sollte. So wie er von der Notwendigkeit einer Balance innerhalb der westeuropäischen Gemeinschaft überzeugt war, so gab er sich keiner Illusion darüber hin, daß die Abkommen mit dem Osten ohne ausreichende Gegenmacht des Westens nichts taugten: „Entspannungspolitik ohne Gleichgewicht ist Unterwerfung"[82], beschwor der Bundeskanzler am 18. März 1980 in einer Sitzung der SPD-Fraktion seine Genossen, die sich von einem so definierten Kurs des außenpolitischen Realismus immer stärker abwandten und auf einer pazifistischen Zeitströmung mitschwammen, deren „Machtvergessenheit"[83] im westlichen Ausland die Angst vor einer „Selbstfinnlandisierung" der Westdeutschen aufkommen ließ.

Doch neben seinen rüstungspolitischen Bemühungen darum, angemessenen Ausgleich für das sowjetische Übergewicht auf dem Gebiet der nach Europa zielenden Mittelstreckenraketen zu finden, hatte sich Helmut Schmidts Außenpolitik vor allem außenwirtschaftlich zu bewähren. Wie eng gerade der Bestand und die Stabilität der Bundesrepublik Deutschland vom weltwirtschaftlichen Zusammenhang abhängig waren und wie maßgeblich daher ökonomische Elemente die westdeutsche Außenpolitik prägten, trat eben in diesen Jahren noch deutlicher als in den vorhergehenden Dekaden zutage. Denn ganz unübersehbar durchlebte die Welt während der zweiten Hälfte der siebziger Jahre eine wirtschaftliche Dauerkrise. Szenario der Befürchtungen des Kanzlers war denn im Grunde auch weniger ein sowjetischer Überfall, gegen den man sich allerdings wappnen mußte, als vielmehr eine Radikalisierung der weltwirtschaftlichen Verwerfungen die dem exportabhängigen Deutschland die lebenswichtigen Märkte nahm.

Vorbeugend und heilend zugleich wirkte er dieser Gefahr im Zuge der weltwirtschaftlichen Gipfeldiplomatie seiner Zeit mit Erfolg entgegen und glich im bewährten Zusammenspiel mit dem Frankreich Giscard d'Estaings unverkennbare Führungs- und Wirtschaftsschwächen der Amerikaner zumindest teilweise aus. Im Sinne eines geläuterten Gaullismus beschrieb die „entente élémentaire"[84] mit Paris auch für ihn die Grundlage seiner Außen- und vor allem Europapolitik: Ohne ihn freilich erreichen oder gar übertreffen zu können, rückte der französische Vertragspartner mehr und mehr an den Rang der

Amerikaner heran. Letztlich blieb man jedoch gemeinsam und die Bundesrepublik ganz besonders auf amerikanischen Schutz angewiesen, war der Bonner Staat doch, Helmut Schmidts Urteil zufolge, noch „sehr viel verletzbarer als das Bismarcksche Reich"[85]. Den Höhepunkt seiner Tätigkeit globalen und fortwährenden „crisis management" erreichte der Kanzler zweifellos durch seine Teilnahme am „Vierer-Gipfel" von Gouadelope am 5./6. Januar 1979, als er zusammen mit den Repräsentanten der Vereinigten Staaten von Amerika, Großbritanniens und Frankreichs in „einer Art [von] westlichem Direktorium"[86] die weltpolitische Lage erörterte.

Im Gegensatz zu Willy Brandt glaubte Helmut Schmidt nicht daran, daß der sowjetische Generalsekretär Breschnew wirklich „um den Weltfrieden" zittert[e]"[87]. Denn dieser hatte die Gunst der Détente skrupellos zum eigenen Vorteil der Aufrüstung genutzt und sein Land inzwischen buchstäblich bis an die Zähne bewaffnet, so daß die sowjetische Gesellschaft nunmehr unter dem militärischen Panzer der eigenen Rüstung wirtschaftlich fast zu ersticken drohte. Daher verlangte der Kanzler jetzt, weil gerade die Bundesrepublik durch die Übermacht der sowjetischen Mittelstreckenraketen in außergewöhnlichem Maße bedroht war, hartnäckig nach kontrolliert organisierter Gegenmacht. Letztlich war allerdings gerade er, der sich in Gouadelope von allen am besorgtesten zeigte, am wenigsten zu westdeutschen Konzessionen bereit, die sein Land, was eine Stationierungsbereitschaft für die entsprechenden Waffensysteme anging, über Gebühr oder singulär belastet hätten. Das kompromißhafte Ergebnis dieser Beratungen bereitete die Einigung vor auf jenen Doppelbeschluß der NATO vom 12. Dezember 1979, der die Entscheidung für die Nachrüstung mit der Bereitschaft zu Verhandlungen charakteristisch miteinander verkoppelte. Er war nicht zuletzt auch das Resultat des deutsch-amerikanischen Dialogs, der sich zukünftig mehr und mehr verschlechterte und im Juni 1980 auf dem Weltwirtschaftsgipfel in Venedig in handfesten Krach zwischen Carter und Schmidt umschlug.

Was die europäische Ostpolitik der Bundesrepublik anging, so suchte Schmidt, eine deutsche „Brückenfunktion"[88] nach Ostmitteleuropa, vor allem gegenüber Polen, wahrzunehmen. Das hatte sich, ob ihm das nun paßte oder nicht, im Rahmen der Ostpolitik des Westens zu gestalten. Mehr erlaubten ihm die Amerikaner, aber auch die Franzosen und Briten mit ihren jeweils eigenständigen Zielen nationaler Ostpolitik einfach nicht, obwohl er das, nicht zuletzt im Hinblick auf die prekäre Sonderlage Millionen Deutscher im sowjetischen Herrschaftsbereich, zu beanspruchen versuchte. Im Grunde schon längst gegen den Strom der Weltpolitik ankämpfend, versuchte er von der Politik der Détente zu bewahren, was gerade noch möglich war. Allein ihre Existenz verschaffte nämlich den erforderlichen Spielraum, um über die Gegebenheit der westdeutschen Grenzlage hinaus die Möglichkeiten jener traditionellen Mittellage der Deutschen zu nutzen, die seit den Tagen von Außenminister Schröder und Bundeskanzler Kiesinger wieder zu einem Thema der westdeutschen Außenpolitik geworden war – selbstverständlich nicht von jener eigenständigen Qualität wie zu Stresemanns Zeiten, sondern in einem von der westlichen Integration buchstäblich abgeleiteten Sinne und vor allen Dingen im engen Benehmen mit Frankreich, das es nicht zuletzt auf diese Weise an die Bundesrepublik zu binden und von einer Verbindung mit der Sowjetunion abzuhalten galt.

Was die westeuropäische Integrationspolitik betraf, so bevorzugte der Bundeskanzler ganz eindeutig die Pflege der deutsch-französischen Zweierbeziehung. Daß er die europäische Integration dagegen eher in „kritischer Sicht"[89] betrachtete, bedeutete im übrigen keineswegs, daß er nicht in besonderen Fällen, wenn europäische Not deutsche Hilfe erforderte, tatkräftig eingesprungen wäre. Die Errichtung des Europäischen Währungssystems (EWS) beispielsweise, das zwischen dem französischen Staatspräsidenten Valéry Giscard d'Estaing und Bundeskanzler Helmut Schmidt am 14./15. September 1978 vereinbart und im darauffolgenden Dezember vom Europäischen Rat in Brüssel verabschiedet wurde, brachte in diesem Sinne einen beachtlichen Fortschritt auf dem Weg zur europäischen Integration mit sich.

Im allgemeinen unterzog sich das Auswärtige Amt der vorläufig so entsagungsvollen Mühe, sich in beileibe nicht leicht erkennbaren Fortschritten durch das Dickicht nationaler Vorbehalte und supranationaler Einrichtungen den Weg auf die seit 1972 als Ziel anvisierte „Europäische Union" zu bahnen. Von der 1970 begründeten „Europäischen Politischen Zusammenarbeit" (EPZ), die eine allmähliche Koordinierung der EG-Staaten auf außenpolitischem Gebiet vorsah, bis zur „Genscher-Colombo-Initiative" vom Jahre 1981, die eine Weiterentwicklung der „Europäischen Gemeinschaft" und der „Europäischen Politischen Zusammenarbeit" zur „Europäischen Union" detaillierter ins Auge faßte, läßt sich somit eine Kontinuität westdeutscher Europa- und Integrationspolitik verfolgen: In ergänzendem Kontrast zum deutsch-französischen Bilateralismus akzentuierte sie die multilaterale Zusammenarbeit der zur „Europäischen Gemeinschaft" gehörenden Staaten. Darüber hinaus hatte sich die inzwischen politisch erwachsene und wirtschaftlich prosperierende Bundesrepublik Deutschland verstärkt ganz neuen Herausforderungen zu stellen, hatte, intensiver als zuvor bereits, dem Nord-Süd-Problem ihre Aufmerksamkeit zu schenken und hatte damit verbunden in globalem Rahmen weltwirtschaftliche Verantwortung zu übernehmen.

Zusammen mit den Vereinigten Staaten von Amerika trat Bundeskanzler Schmidt am entschiedensten für die Freiheit des Welthandels gegenüber den dirigistischen Forderungen der Dritten Welt ein und wirkte gleichzeitig daran mit, friedlichen Wandel zwischen Industrie- und Entwicklungsländern im Sinne des am 28. Februar 1975 geschlossenen Abkommens von Lomé zu fördern. Überhaupt bestimmte der pragmatische Grundsatz von Geben und Nehmen seine äußere Politik der Nüchternheit und des Realismus. Deutlich hielt sie Distanz zu outrierten Erwartungen und überschwenglichem Idealismus, die damals manche Züge im Profil der inzwischen an Bedeutung zugenommenen auswärtigen Kulturpolitik der Bundesrepublik Deutschland charakterisierten. Alle diese Probleme wurden im Grunde von der alles entscheidenden Frage danach überlagert, ob, insbesondere nach dem Wechsel im Amt des amerikanischen Präsidenten von Carter zu Reagan im Januar 1981, ein deutscher und europäischer Eigenweg der Détente weiter begehbar erschien.

Der letzte, in vielerlei Hinsicht schon nicht mehr unproblematische Versuch, „die Reste der Entspannungspolitik in Deutschland und Europa zu retten"[90], scheiterte, als Helmut Schmidt mit Generalsekretär Erich Honecker zwischen dem 11. und 13. Dezember 1981 am Werbellinsee in der Uckermark zusammentraf. Obwohl am letzten Tag dieser Gespräche in Polen das Kriegsrecht ausgerufen wurde, brach der Kanzler den DDR-Besuch nicht ab:

Der Bundesrepublik drohte, wenn sie sich weiterhin antizyklisch zur Weltpolitik verhielt, außenpolitische Isolierung im Westen. Die Haltung gegenüber den Vereinigten Staaten von Amerika, die auf Gefolgschaft drangen, versteifte sich bis hin zum offenen Konflikt. Neben den wirtschafts- und parteipolitischen Gründen, die das Ende der Regierung Helmut Schmidts mit herbeiführten, sind die dem gleichfalls ganz entscheidend unterliegenden außenpolitischen Motive für den Wechsel zur Kanzlerschaft Helmut Kohls am 1. Oktober 1982 oftmals eher verdeckt geblieben. Zweifellos war aber die außenpolitische Notwendigkeit nicht mehr länger zu übersehen, das arg in Mitleidenschaft geratene deutsch-amerikanische Verhältnis zu pflegen und eine „Wende" herbeizuführen, um als bewährt Eingeschätztes auch zukünftig verfolgen zu können. Nach wie vor hingen und hängen deutsch-deutsche und deutsch-osteuropäische Beziehungen entscheidend von der allgemeinen Großwetterlage ab; nach wie vor blieb und bleibt somit Ostpolitik der Westpolitik untergeordnet; und nach wie vor lag und liegt die Souveränität der Bundesrepublik Deutschland in ihrer atlantisch-europäischen Integration begründet.

In diesem Sinne findet das „provisorische Definitivum"[91] von Bonn seine „Selbständigkeit in der Bindung"[92], wie Egon Bahr das von Konrad Adenauer bis Helmut Schmidt gültige Bewegungsgesetz der westdeutschen Außenpolitik präzis umschrieben hat. Die Westpolitik gibt das Maß und Ziel vor und verleiht ihr die erforderliche Balance und Gegenmacht für die Ostpolitik. Integration schützt vor der Versuchung des Neutralen und Unverbindlichen, vor dem also, was der große Romanist Ernst Robert Curtius in der Zwischenkriegszeit als das „Unabgegrenzte, Unbegrenzbare, Unbestimmbare"[93] der Deutschen gekennzeichnet hat. Selbstverständlich haben alle diese Züge „des deutschen Geistes"[94] und der deutschen Politik, weil sie aus der jahrhundertealten Geschichte Deutschlands kommen, auch die Entwicklung der Bundesrepublik begleitet — bislang freilich eher als marginale Alternativen zur zentralen Tendenz ihrer revolutionär neu gestalteten Außenpolitik.

Eben dadurch, daß umfassende Integration begrenzte Souveränität gestiftet hat, schützt sie vor einer Eigenmacht, die über eigene Kraft und die der anderen hinausgeht. Sonst könnte unkontrollierte Bewegung leicht dazu führen, Freiheit und Frieden für die Einheit der Nation aufs Spiel zu setzen. Das darin aufgehobene Gesetz ihrer außenpolitischen Prioritäten hat keine der Regierungen der Bundesrepublik Deutschland, wie unterschiedlich die äußere Politik des Landes auch im einzelnen verfolgt worden ist, jemals mißachtet, und sie fand dessenungeachtet ihre durchgehende Entsprechung im Willen der Deutschen nach nationaler Zusammengehörigkeit.

Daß einen solchen Weg zu gehen, langen Atem und zähe Ausdauer erforderte, bis er endlich einmal ans ferne Ziel gelangen würde, war bereits Konrad Adenauer allzu klar, wenn er zweifelnd darüber nachdachte, ob seine Landsleute sich diese Tugenden wohl zu bewahren vermöchten. Daher haftet der westdeutschen Außenpolitik, es könnte gar nicht anders sein, auch über vier Jahrzehnte hindurch eine ganz spezifische Torsohaftigkeit an, die zu ihrer Normalität gehört. Als voreilig erwiesen sich, bislang jedenfalls, jene scheinbar historisch untermauerten Prognosen, die als dominierendes Gesetz deutscher Geschichte vom Ausgang des Mittelalters bis heute die Teilung postulierten und aus dem Provisorischen Definitives zu machen verlangten. Ebenso unbelegt blieben freilich auch jene Hoffnungen, wonach ein Volk nicht mehr hinter die geschichtsmächtige Qualität des spät errungenen und sodann frevlerisch verspielten Nationalstaates zurückfallen könne in einem Europa, dessen europäischer Charakter durch die Existenz seiner Nationen definiert ist. Die spezifische Offenheit einer historischen Lage ihrerseits gewahrt zu haben, beschreibt ohne Zweifel eine gar nicht zu unterschätzende Leistung westdeutscher Außenpolitik: Ihr schwer auszumachendes und leicht zu mißachtendes Resultat hat daher nicht selten auch, über die kühne Tat hinaus, oftmals eher im geduldigen Verhindern gelegen. Denn aus eigenem Vermögen ließ und läßt sich das zentrale Problem der Deutschen nun einmal nicht lösen, weil eine Antwort auf die „deutsche Frage" an eine damit einhergehende Überwindung der Teilung Europas und einen dafür notwendigen Ausgleich der Weltmächte gebunden blieb und bleibt.

Ohne diese, an ihnen vorbei oder gar gegen sie, Unmögliches zu riskieren, so lautete die bislang vorwaltende Überzeugung aller Regierungen des Bonner Staates, mußte in der Katastrophe enden. Im Bewußtsein ihrer extremen Verletzlichkeit ist die Außenpolitik der Bundesrepublik Deutschland daher den Zyklen der Weltpolitik jeweils vernünftig angepaßt worden, um antizyklische Isolierung, im abwechselnden Zuge der aufeinander bezogenen West- und Ostpolitik, zu verhindern. Daß dabei, nahezu selbstverständlich, Unterlassungen begangen und Fehler gemacht worden sind, die die Vorwürfe der „Machtvergessenheit"[95] oder des „neuen Größenwahns"[96] auf sich gezogen haben, liegt auf der Hand. Und sie dürfen keineswegs übersehen werden, wenn man die bedächtige Vernünftigkeit insgesamt schätzt, die die äußere Politik der jungen Republik bestimmt hat. Mit Sicherheit aber repräsentiert der Staat von Bonn vielmehr als nur einen „gepanzerte[n] Konsumverein" (Rudolf Augstein), wenn er auch gewiß keine „Weltmacht", nicht einmal eine solche „wider Willen"[97] darstellt.

Mögen neuartige Maßstäbe wirtschaftlicher Provenienz auch ihre unübersehbare Bedeutung erlangt haben, so ist damit noch keineswegs entschieden, ob das die überlieferte Qualität des Staatlichen und Zwischenstaatlichen ausschlaggebend aufgehoben hat. Weder Chips noch Soldaten allein, weder Mars noch Merkur regieren nämlich bislang die

Welt, vielmehr sind diese der Eigenmacht des Politischen jeweils ganz spezifisch untergeordnet. Und wenn dessen Wesen auch im beständigen Wandel liegt, so ist in seiner Legierung doch über dem Neuen das Alte nicht zu verkennen. Die mächtig fortwirkende Kraft jahrhundertelang angereicherter Bestände nationaler und internationaler Machtpolitik muß gerade ein Gemeinwesen wie die atemberaubend moderne und eben deshalb so anfällige Bundesrepublik Deutschland berücksichtigen, solange zumindest, bis die von ihr tatkräftig geförderte „neue Realität der weltweiten Interdependenz"[98] noch die Konkurrenz des Überlieferten zu bestehen hat. Bis heute hat die Außenpolitik der Bundesrepublik Deutschland diesen heterogenen Erfordernissen der Weltpolitik mit Umsicht Rechnung getragen; sie hat dabei Augenmaß für ihre Möglichkeiten und Grenzen bewiesen und hat es stets vorgezogen, lieber behutsam als riskant zu handeln. Gerade weil der Bonner Staat für die in Unfreiheit lebenden Deutschen mithandeln mußte und das Ziel der nationalen Zusammengehörigkeit nicht aus dem Auge verlieren konnte — sei es im Sinne der traditionellen Wiedervereinigung unter westlichem Vorzeichen, sei es im supranationalen Rahmen Europas, sei es in Form einer Selbstbestimmung für die Landsleute im anderen Teil der gespaltenen Nation oder in welchen bekannten bzw. bislang noch nicht aufgefundenen Zusammenhängen auch immer – durchgehend hat die Bundesrepublik Deutschland darauf geachtet, daß ihre politischen und geistigen, ihre militärischen, wirtschaftlichen und kulturellen Prioritäten im Westen liegen.

# I.

„Au début, il y avait la politique internationale"[1]. Avec cette constatation, Werner Link cerne exactement la loi du mouvement qui régit la politique extérieure, loi qui était et restait prédominante pour l'Allemagne de l'Ouest créée dans l'urgence[2] et baptisée en 1949 République fédérale d'Allemagne. En effet, jusqu'à nos jours, une dépendance excessive des vents et marées de la politique mondiale chaperonne la destinée de l'Etat de Bonn. L'impression de n'être qu'un „objet provisoire et rien de plus", de, soit pouvoir „être bradé" „aux Russes par les Américains", soit être utilisé par les Américains comme „pierre dans le jeu joué avec les Russes"[3], empreignait avant tout, sourde et nette à la fois, le sentiment de beaucoup d'hommes dans la „trizone", comme fut célébré avec un joyeux sarcasme, lors du Carnaval de Cologne de 1946−47, le phénomène singulier des zones d'occupation occidentales.

Que les Allemands aient alors gigoté avec autant d'impuissance au bout des ficelles de la politique mondiale, que leur conduite criminelle avait tirées sans aucun scrupule durant longtemps, n'était pas plus étonnant. En effet, les Alliés, ligués contre la dictature nationale-socialiste, avaient certes occupé l'Allemagne en premier lieu, non „dans l'intention de la libérer", mais „au contraire, comme étant un état ennemi vaincu"[4], ainsi que le stipulait sans laisser le moindre doute, la directive américaine JCS 1067 datée du 26 avril 1945.

Les Allemands, pour leur part, considéraient l'effondrement du Reich et la fin de la Guerre Mondiale en Europe plutôt comme inhérents à un contexte rempli de contradictions, certes tragique: „à la fois délivrés et écrasés"[5], dans la mesure où le combat de tous les jours pour la survie leur laissait toutefois du temps pour réfléchir, ils étaient même résolus, pour la plupart d'entre eux, dans le domaine de la politique extérieure, à faire tout ce qui leur semblait figurer du bon côté, à l'opposé du mauvais passé hitlérien. Ils ne voulaient plus prolonger la guerre, ils souhaitaient au contraire enfin la paix; pas de violence, au contraire, la réconciliation; pas de dictature, au contraire la liberté – et ils aspiraient avant tout à ce calme qu'ils réclamaient même avec une profonde résignation devant la „catastrophe allemande"[6].

Mais avec la même évidence, pour une large majorité d'entre eux, au fond jusqu'à la fin des années 50, ils considéraient l'Etat national créé par Bismarck comme la maison collective naturelle des Allemands, cette dernière provisoirement éclatée et partagée – devrait bientôt voir de nouveau ses parties rassemblées et être réunifiée, car une autre solution ne semblait guère envisageable pour le moment.

Toutefois, au fur et à mesure que le temps avançait, cet objectif se détachait de plus en plus nettement de l'évolution de la politique mondiale que la coalition des vainqueurs laissait se dégrader dans la guerre froide engagée désormais entre l'Est et l'Ouest. En effet, le système de l'après-guerre qui régit les Etats, système élaboré depuis 1948, était caractérisé par la bipolarité et l'antagonisme. C'est pourquoi, avec la désunion des Alliés, apparaissait aussi la tendance à vouloir partager leur butin, car l'Allemagne dans son entier, pour l'une des deux parties devenues ennemies, ne pouvait plus être obtenue qu'au prix de la Troisième Guerre mondiale. Les paroles de mise en garde prononcées par le grand leader de la social-démocratie, Kurt Schumacher, selon lesquelles „l'agression russe totalitaire . . . (avait) scindé l'Europe"[7], étaient alors universellement approuvées. Elles n'étaient pas encore brouillées par les nécessités qui en transfigurèrent ultérieurement l'interprétation donnée, suivant laquelle la partition allemande représentait le résultat direct de la guerre déclenchée par l'Allemagne d'Hitler: l'équation entre l'histoire universelle et le jugement dernier ne se résout pas comme ça, sans difficulté.

Mais, en considérant l'arrière-plan général de l'époque, on comprend pourquoi l'adversaire politique de Schumacher, Konrad Adenauer, „père fondateur" de la République de Bonn et premier chancelier de la coalition bourgeoise, pouvait être couronné de succès avec sa devise intentionnellement simplifiée: il considérait que „neutralisation" ne signifiait rien d'autre que „soviétisation"[8]. Avant même que les hommes politiques ouest-allemands se soient quand même trouvés, à proprement parler, appelés à prendre des décisions en matière de politique étrangère, le terrain avait été préparé à fond pour la voie que l'Etat ouest-allemand allait emprunter par la suite. Dans le contexte d'une situation politique mondiale dans laquelle était encore obligatoirement bien vivante la conscience générale du fait que des Etats peuvent mourir, que des idéologies peuvent avoir des effets décisifs et que des inquiétudes peuvent faire naître une solidarité sociale, le ministre américain des Affaires étrangères, Acheson, avant la fondation de la République Fédérale, avait déjà parlé de cette „situation de force"[9] qui devait changer à l'avenir la politique mondiale.

La caractéristique dominante de la politique étrangère de Konrad Adenauer était donc donnée, avant même que cette dernière n'existe. Conformément à cela, l'accord bilatéral du Plan Marshall, que la République fédérale d'Allemagne et les Etats-Unis d'Amérique conclurent le 15 décembre 1949, dans le cadre de l'„European Recovery Program" (ERP), liait déjà solidement les Allemands de l'Ouest aux Américains. En effet, l'article I.3 prévoyait expressément d'empêcher que Bonn, faisant cavalier seul, ne se tourne vers Moscou. A la différence de ce qui figurait dans les autres conventions de l'ERP, une „clause de nantissement" spécifiait que „les recettes des exportations provenant de la production globale future et des stocks existants de la République Fédérale ... (devaient) être disponibles pour le paiement des aides qui avaient été accordées conformément au traité", c'est-à-dire: „Avec le nantissement, la République

Fédérale se limiterait elle-même la possibilité de parvenir un jour à un accord avec la Russie Soviétique au sujet des réparations et des problèmes de la zone orientale et des régions de l'Est" – au ministère fédéral pour le Plan Marshall, on voyait alors parfaitement clair dans ces dispositions. En effet, les Américains liaient „notre politique à leur volonté" et „subordonnaient à leur approbation notamment les pourparlers indépendants entre la République Fédérale et la Russie Soviétique"[10].

Comme cela s'était déjà produit, auparavant, au cours de l'histoire allemande, que ce soit à la suite de 1648 ou de 1815, la constitution intérieure et extérieure du pays était marquée par les conditions de la politique internationale. Distinguer ses exigences ou les mal comprendre, les satisfaire ou les rejeter, demeurait cependant l'affaire de ceux qui agissaient au sein de la jeune République Fédérale, ceux-là mêmes qui pouvaient prendre telle ou telle décision – il fallait seulement qu'ils se décident réellement: „tertium non datur". La République Fédérale se détachait en cela de la République Démocratique qui avait également été fondée en 1949, dans une analogie longtemps envisagée et dans une réaction promptement marquée vis-à-vis du processus occidental. En effet, cette partie de l'Allemagne, qu'un jour Herbert Wehner qualifia, avec une causticité pertinente, de „Prusse Soviétique"[11], n'eut justement pas la liberté de choisir, au contraire elle végéta longtemps comme une satrapie soviétique qui, selon l'avis amer de Willy Brandt, n'était „ni allemande, ni démocratique, ni une république"[12].

A l'Ouest, en revanche, Konrad Adenauer tirait les conséquences politiques de ce monde si manifestement divisé depuis 1948, dans lequel, selon l'observation perspicace de Raymond Aron, „la paix (semblait) . . . impossible" et „la guerre . . . improbable"[13]. Que l'Allemagne soit, par conséquent, marquée pour longtemps, même si ce n'est pas à perpétuité, par les réalités déterminantes de ce monde nouveau, donc en premier lieu non plus par sa position géographique centrale, mais plutôt par sa situation de frontière dans la politique mondiale, cela ressortait de plus en plus nettement et faisait de la République Fédérale le „limes de l'Occident"[14]. Le fait de tirer du contexte global cette conclusion déterminait en tout cas Konrad Adenauer à édifier „le définitif provisoire"[15] de l'Etat de Bonn.

Il est évident que sa décision fondamentale, audacieuse, en ce qui concerne l'orientation occidentale, politique, culturelle et économique de la République Fédérale, était controversée aussi bien chez les puissances victorieuses que dans son propre pays. En effet, elle semblait inhabituelle et était ouvertement en contradiction avec les traditions solidement établies de l'histoire allemande. Cela concerne, par exemple, les porte-parole de la zone occupée par les Soviétiques, porte-parole qui, comme Otto Grotewohl, encore membre de la SPD en 1945, étaient intervenus contre la politique allemande de bascule et préconisaient de suivre l'Union Soviétique. Dans la politique allemande de l'après-guerre, une ligne de conduite, qu'il ne faut absolument pas sous-estimer, est au demeurant déterminée ainsi: dans les indices qui favorisaient unilatéralement la puissance victorieuse soviétique, elle prévoyait la réunification de l'Allemagne. Après Ulbricht jusqu'à Honecker, malgré la stratégie de démarcation nécessaire à la survie de leur dictature, cela resta l'objectif à long terme des communistes: il s'agissait de concevoir la RDA comme le Piémont d'une Allemagne réunifiée, ou bien nouvellement unifiée, dans le sens socialiste.

Du côté des vainqueurs occidentaux, on

parvenait à rencontrer une fois sur deux des réflexions quant au statut d'une Allemagne neutre. Ces considérations étaient exprimées avec plus de consistance dans l'immédiat après-guerre qu'elles ne le furent ultérieurement, mais toujours est-il qu'on les trouvait encore jusque dans la première moitié des années cinquante.

Il existait de telles alternatives en face de la réalité incisive de la séparation, comme si, avec l'arrière plan de l'histoire nationale, mais aussi „prénationale", il ne pouvait en être autrement, et cela surtout dans l'Allemagne même. En effet, le projet d'Adenauer, qui abolissait ce qui existait jusqu'à présent, parce qu'il rompait abruptement avec ce qui était en usage jusque là, donnait l'impression d'être littéralement révolutionnaire et établissait les fondements d'une tradition totalement nouvelle de la politique étrangère allemande.

Dans son propre parti, l'Union Chrétienne Démocrate (CDU), récemment créée, elle était fondamentalement mise en cause, du moins provisoirement, et cela plus que par les idées, en matière de politique étrangère, de la Social-Démocratie de Kurt Schumacher. Jacob Kaiser, en particulier, qui était notamment l'adversaire du futur chancelier à l'intérieur du parti, prenait fait et cause, en tant que chef de la CDU de Berlin, pour une version de la politique étrangère tout à fait différente. Il pensait partir de la position centrale de l'Allemagne, dans le courant de l'histoire mondiale, avait, à présent, assurément décliné, et ranimer la fonction qui consistait à représenter un pont, fonction assumée par un Reich servant d'intermédiaire, aussi bien politiquement qu'idéologiquement, entre l'Est et l'Ouest. „Il me semble que la grande mission qui incombe à l'Allemagne est de déterminer, dans la lutte des nations européennes, la synthèse entre les idées occidentales et orientales. Nous devons constituer un pont entre l'Est et l'Ouest" – Kaiser commentait ainsi ce programme vraiment dépourvu d'avenir, et pour longtemps, programme qui paraissait si curieusement opposé au courant du monde divisé"[16].

Mais, à mesure que la guerre froide prenait possession de la planète avec davantage d'exigence, cette prétention pleine d'assurance se perdait justement de plus en plus dans des abîmes insondables, pendant que le contre-projet de Konrad Adenauer se révélait „évident jusqu'à l'inéluctable"[17]. A côté de l'héritage accablant du passé national-socialiste que Kaiser, en tant que représentant de l'opposition allemande, sous-estimait, la conscience tranquille, mais tragiquement, le sort de son projet fut déterminé avant tout par le fait que l'Ouest de l'Allemagne achevait de devenir la marche de la Pax Americana, et l'Est celle de l'hégémonie soviétique. Ainsi s'écroulait inévitablement le projet d'une sorte de pont, en matière d'idéologie et de politique étrangère, entre les mondes, relégué dans l'illusion de celui que l'on nommait bientôt „Kaiser sans pays".

Semblait s'éloigner aussi de la réalité l'autre conception qui se détachait vivement de l'orientation occidentale de Konrad Adenauer, conception qui, primitivement, était aussi originaire de l'Union, et qui, après la démission de Gustav Heinemann du poste de ministre de l'Intérieur, était alors soutenue au sein du Parti Populaire Panallemand, à savoir l'idée d'une neutralisation de l'Allemagne dans son entier. Elle trouvait déjà son expression, qui était presque une métaphore de revenant, dans les paroles aussi séduisantes qu'irréalistes de l'historien Ulrich Noack, en 1948[18]: „Si les autres veulent absolument tirer, nous nous ferons alors tout petits et nous les laisserons tirer au-dessus de nos têtes".

En revanche, Konrad Adenauer et la grande majorité des Allemands de l'Ouest, soucieux de sécurité et de liberté, n'étaient que trop conscients du fait que, dans la situation de cette époque-là, comme cela s'était déjà produit auparavant, assez souvent, dans l'histoire allemande, le rêve de la neutralité n'avait pas de correspondant dans la réalité.

Cependant, de façon parfois évidente puis ensuite, de nouveau, plus discrètement, mais dans un cas comme dans l'autre, toujours dépendante de la situation „météorologique" internationale entre la guerre froide et la détente, la perspective neutraliste en matière de politique étrangère a généralement accompagné l'évolution de la République fédérale d'Allemagne. En effet, comme tentation, ainsi que la majorité le pensait, et comme chance, ainsi qu'une minorité le supposait, elle fait partie de l'histoire allemande qu'avec le temps, la République Fédérale rejoignait aussi, par poussées successives plutôt que régulièrement. La position centrale traditionnelle était donc résolument évincée par la nouvelle situation des frontières, mais elle n'était en aucune façon définitivement supprimée. Et le fait que la politique étrangère menée par l'Etat ouest-allemand, d'ailleurs couronnée par un si grand succès, ne conduisît justement pas à l'objectif central de la réunification, et que, de plus, les premières lignes de la guerre froide se desserrassent progressivement, faisait de temps en temps sortir de l'ombre la notion d'une neutralité de l'Allemagne tout entière – dans les Etats étrangers, c'était bien compréhensible, cette idée était considérée comme suspecte, avec une plus grande méfiance que si sa signification touchait leur existence dans leur propre pays.

Dans ce contexte, les propos tenus sans détours, en 1959, par le ministre américain des Affaires étrangères, John Foster Dulles, face au bourgmestre régnant de Berlin, Willy Brandt, ne demeuraient pas les moins obligeants à l'égard de la politique étrangère de la République fédérale d'Allemagne[19]: „Les Russes et nous pouvons nous trouver en désaccord sur mille choses. Mais sur un point, il n'existe pas de divergence d'opinions entre nous: nous ne permettrons pas qu'une Allemagne réunifiée, armée, erre dans un no man's land entre l'Est et l'Ouest".

Konrad Adenauer établissait indubitablement des priorités en matière de politique étrangère, réduisait résolument la multiplicité, source de confusion, et préférait seulement „d'abord (être) libre", „même si l'unité de l'Allemagne ne pourrait être reconstituée dans l'immédiat"[20]. Si l'on se bornait à un aperçu superficiel, cela ressemblait à une vague nostalgie de la Confédération du Rhin. Une telle résolution prenait plutôt sa source dans l'analyse réaliste qui s'imposait à lui avec une plausibilité absolument convaincante: la liberté et la paix passaient avant l'unité qui, ainsi, n'était absolument pas rayée des perspectives mais qui, bien au contraire, serait récupérée précisément de cette manière.

Dès 1945, dépassant largement l'abîme de l'effondrement allemand, il considérait l'Europe immensément affaiblie et la situation mondiale qui changeait rapidement, et constatait simplement, avec justesse[21]: „La Russie se soustrait de plus en plus à la collaboration avec les autres grandes puissances...

Dans les pays qu'elle domine, il règne dès à présent des principes politiques et économiques totalement différents de ceux qui sont en usage dans le reste de l'Europe... La partie de l'Allemagne que la Russie n'occupe pas constitue une partie intégrée à l'Europe occidentale. Si cette partie reste malade, cela entraînera les conséquences les plus fâcheuses pour toute l'Europe occidentale, même pour l'Angleterre et pour la France. Dans le plus propre intérêt, non seulement de la partie de l'Allemagne qui n'est pas occupée par la Russie, mais aussi dans celui de l'Angleterre et de la France, il faut unir l'Europe sous leur direction", par „une interdépendance économique de l'Allemagne occidentale, de la France, de la Belgique, du Luxembourg, de la Hollande . . . Si l'Angleterre se décidait à participer aussi à cette ‚cartellisation', alors on ferait un très grand pas pour se rapprocher de l'objectif final, tellement souhaitable tout de même, que représente l'Union des Etats de l'Europe occidentale".

C'est pourquoi Adenauer s'était décidé à „tourner (résolument le visage de l'Allemagne) vers l'Ouest"[22] et, conjointement, à lier indéfectiblement à l'Occident l'existence aussi bien présente que future de sa patrie, dans une perspective politique et intellectuelle. En effet, selon la conviction de l'homme, alors déjà relativement âgé, dont les expériences se nourrissaient de l'optique, forgée avec sagacité, d'une époque de guerres mondiales et de révolutions, c'était la seule façon, et il n'en existait pas d'autre, de maîtriser la nervosité incohérente des Allemands et de corriger leur nature dangereusement fantasque.

Et enfin, bien que ce fût loin d'être le moins important, c'était le seul moyen — un autre cours des choses s'accompagnerait purement et simplement d'un risque criminel — de retrouver la sécurité indispensable devant la Russie de Staline, lequel avait regretté en 1945, à Potsdam, de ne pas être parvenu jusqu'à Paris, mais seulement jusqu'à Berlin, à la différence de ce qu'avait réussi jadis, le tsar Alexandre Ier.

Quand, par la suite, en 1948, après que les Etats-Unis d'Amérique eurent tout à fait relevé le défi communiste de l'Extrême-Orient jusqu'à l'Europe centrale, la crainte d'une guerre mondiale se répandit de nouveau, le conseil que donnait déjà Laertes à Ophélie, dans „Hamlet" de William Shakespeare[23], paraissait d'autant plus évident: „Sois donc prudente, c'est la crainte qui apporte la sécurité". Ainsi, en connaissance de cause, et à la différence de ce qui, auparavant, s'était produit assez souvent dans l'histoire allemande, Adenauer renonçait à vouloir résoudre tous les problèmes en même temps, et même seulement trop de problèmes à la fois. Il essayait au contraire de répondre graduellement à la „question allemande" par un engagement atlantique et un „nationalisme européen"[24], au bénéfice de ses compatriotes et de ses voisins occidentaux sur tout le continent – bien entendu: toujours en collaboration avec ces derniers et absolument en aucun cas contre eux. Cela signifie néanmoins: La réunification allemande et la souveraineté ouest-allemande dépendaient de l'intégration européenne et atlantique; s'efforcer d'atteindre ces objectifs en marchant isolément ne pouvait, en revanche, que se terminer en catastrophe.

Dans l'alliance et l'union avec l'Ouest, la „Politique de la force", absolument pas définie uniquement, ni en premier lieu, par l'aspect militaire, devait conduire l'attirante République Fédérale en tant qu'Etat allemand fondamental et solution transitoire européenne, à la réunification de l'Etat national allemand.

Comme, en quelque sorte, un aimant, la démocratie de Bonn devait influer sur la dictature de Pankow et attirer irrésistiblement cette dernière. Le fait que cela n'engendra la réussite escomptée à l'origine que partiellement, mais pas parfaitement, pas du premier coup, certes, pas même au cours des décennies, n'a en aucune façon vraiment démenti l'exactitude de la conception. En effet, aussi longues que puissent même paraître quatre décennies aux générations qui les vivent, surtout dans une époque d'accélération sans précédent, considérées dans une perspective historique, elles perdent beaucoup de leur réalité en apparence irréversible et de leur durabilité affirmée une fois sur deux. Toutefois, Adenauer doutait bien que ses compatriotes n'aient la patience nécessaire pour gravir le long et sinueux chemin qui mènerait à la réunification de l'Allemagne divisée et de l'Europe fissurée; il redoutait plutôt les troubles qui feraient éventuellement une nouvelle apparition, engendrés par un nationalisme difficilement contrôlable, lequel pouvait être le revers d'une résignation s'accommodant par moments des circonstances.

Mais pour la République Fédérale européanisée, il était péremptoire que, constituant une partie de l'Occident, elle eût une „idée ostensible de sa mission":

Elle avait si manifestement fait défaut, en ce qui concerne le principe de son existence, au Deuxième Reich; durant la République de Weimar, son développement spécifique manquait de vitalité; et pendant le „Troisième Reich", elle avait exercé une action repoussante, en tant que perversion idéologique, dans la conception qu'Hitler avait du monde.

A l'époque qui nous intéresse, on se sentait obligé envers le monde des valeurs de l'Occident, et on avait confiance dans le fait que sa force, à la propagande persuasive, serait en définitive plus efficace que celle de l'économie et des armes, que, cependant, il ne faudrait pas négliger d'entretenir. Mais, toutefois, alors que les déclarations, à la résonance optimiste, du vieil homme d'Etat, proclamaient ceci sur le grand marché politique de la démocratie ouest-allemande, lui même voyait, sans aucun doute, clairement qu'il n'y avait qu'un chemin très long, difficile à parcourir et que l'objectif de sa politique extérieure se situait dans un avenir tristement lointain. C'est précisément pour cette raison que la solution provisoire ouest-allemande devait être constituée de façon si définitive que, fermement ancrée à l'Ouest dans une intégration irréversible, elle puisse braver souverainement les tempêtes qui ne manqueraient de secouer la réalité.

La nécessité de l'engagement à l'Ouest et l'idée de la théorie de l'aimant rapprochaient Konrad Adenauer de son grand adversaire, en matière de politique intérieure, Kurt Schumacher. Il est vrai que ce dernier concevait différemment les choses dans le détail. En effet, l'idée qui guidait le socialiste patriote, non sans considérer le gouvernement travailliste de Grande-Bretagne, estimé comme étant apparenté et exemplaire, était celle d'un Reich socialiste dans une Europe socialiste.

En vérité, pendant l'immédiat après-guerre, avec l'aversion alors largement répandue contre le capitalisme, apparemment ou effectivement discrédité avec une telle diversité, des possibilités sur lesquelles on ne pouvait absolument pas se tromper, quelques années durant, se présentèrent, possibilités qui semblaient favoriser une telle option (un Reich socialiste dans une Europe socialiste). Mais le „triple accord du socialisme, de la démocratie et de la nation"[25] se cassa quand l'histoire avança impétueusement, en fin de compte suivant la volonté déterminante de la grande puissance américaine. Pourtant, il n'y avait pas seulement cela: le nationalisme non déguisé de Schumacher offensait les vainqueurs occidentaux, tous autant qu'ils sont, et aux yeux du haut-commissaire français François-Poncet, Schumacher se présentait même comme un „Hitler de gauche"[26], ce qui, au fond, était certainement injustifié, mais néanmoins symptomatique. Les Allemands de l'Ouest eux-mêmes, qui, à la fois déçus et désenchantés, luttaient pour leur existence, étaient rebutés par les paroles, à la résonance fanatique, de l'homme audacieux, lequel réclamait aussi, pour la jeune démocratie, des forces armées, „pour mener offensivement la défensive", afin de „libérer, d'une rapide poussée, la zone orientale et Berlin"[27].

Si l'on regarde en arrière, il n'est donc pas étonnant, ce qui à l'horizon de l'époque semblait incertain, qu'il ait eu le dessous face au „défenseur du retour à la raison"[28], ainsi qu'Hans Maier avait caractérisé le premier chancelier de la République fédérale d'Allemagne. En effet, ce dernier ne naviguait pas seulement sous le vent de la politique mondiale, au contraire, il savait aussi, au demeurant, garder la mesure, et c'est pourquoi il défendait les intérêts allemands en face des Alliés avec globalement beaucoup plus d'efficacité.

Ses conceptions en matière de politique étrangère gagnèrent, face à la social-démocratie, une acuité des contours encore plus marquée, lorsque le parti en question, après la mort prématurée de Schumacher en 1952, suivit une orientation qui ne demeurait plus aussi résolument éloignée qu'auparavant des rivages du pacifisme, et qui prenait davantage encore de distance vis-à-vis de la politique étrangère de la grande puissance américaine. En opposition tout à fait manifeste avec les volontés de défense exprimées par Schumacher, cette mutation de la SPD, en ce qui concerne la politique étrangère, s'était déjà esquissée auparavant, et, à titre d'exemple, elle s'était traduit dans les paroles de Carlo Schmid, en 1950[29]: „Nous préférons voir, dans des maisons intactes, des gens indemnes qui soient bolchévisés, plutôt que, dans des puits, des infirmes". „L'idéologie de la République Fédérale"[30] que prenait pour base le projet de Konrad Adenauer, en matière de politique étrangère, se détachait précisément de la conception exposée ci-dessus, d'une façon encore bien plus prononcée que vis-à-vis des idées de Kurt Schumacher, qui observaient également le principe de l'engagement à l'Ouest, de la théorie de l'aimant et de la défense militaire. Cette „idéologie de la République Fédérale" — l'expression est de l'historien suisse Salis — était néanmoins définie par son „fort anticommunisme, son conservatisme catholique, son européanisme occidental, sa revendication d'être un Etat constitutionnel, son caractère bourgeois capitaliste, sa profonde méfiance à l'égard de tout ce qui est à l'Est, mais aussi sa crainte de la démesure nationaliste qui avait caractérisé la dictature de Hitler"[31].

Bien plus que dans le domaine de la politique intérieure où, à maints égards, il y avait tout à fait des connexions avec les coutumes, c'est dans le cadre de la politique étrangère que dominait fondamentalement une profonde rupture avec toute la tradition en usage. Cette révolution, en matière de politique étrangère, menée par Konrad Adenauer, représentait la réponse à la révolution du système international. Le fait que, à la différence de ce qu'il en était après la Première Guerre mondiale — il n'y avait alors pas de multipolarité —, il se soit formé, complètement à l'opposé de cela, un système d'Etats bipolaire, offrit à Adenauer, comme ce fut autrefois le cas pour Talleyrand, la possibilité de tirer son propre avantage de la désunion des vainqueurs.

Avec étonnement, dans ce contexte, on s'est toujours demandé pourquoi les Allemands, qui avaient pourtant refusé si violemment les pertes, comparativement supportables, et les obligations imposées par le Traité de Versailles, s'étaient accommodés, au début avec résignation puis ensuite comme anesthésiés, de la défaite totale comme de la partition de leur patrie, occasionnée par la guerre froide. La réponse à cette question doit se dégager de la différence fondamentale qui distingue l'une de l'autre, de façon si caractéristique, les issues respectives de chacune des deux Guerres. Sans aucun doute, l'ampleur de la défaite de 1945, en comparaison avec celle de 1918, était bien plus importante. En effet, la défaite n'était pas seulement sévère, mais totale; la capitulation n'était pas seulement pénible, mais inconditionnelle; le Reich n'était pas seulement vaincu, mais déchiré.

Le poids historique, certes aussi bien en 1945 qu'en 1918, n'était pas seulement ressenti comme une humiliation, mais il représentait même une catastrophe. L'importance de cet arrière-plan national et international n'était pas négligeable dans le fait que les traditions en usage dans la politique étrangère allemande aient été manifestement désorganisées.

Périmée depuis longtemps, l'idée de la mission attribuée au Reich par Bismarck: mission de servir l'Europe en tant que „loyal courtier"[32], et de souligner ainsi la légitimité de sa propre existence. Sous le règne de Guillaume II, les objectifs ambitieux et fixés exagérément haut du „Reich sans repos"[33] avaient conduit ad absurdum. La tactique consistant à „finasser"[34] entre les puissances de l'Est et de l'Ouest, qui avaient guidé les responsables de la politique étrangère durant la République de Weimar — à la tête de tous, Gustav Stresemann — produisait, en présence de la nouvelle constellation politique mondiale, des effets carrément dangereux. Et les utopies funestes de la folie raciste et autoritaire qui dominaient le programme de la dictature hitlérienne, gisaient dans le gouffre de l'histoire, échouées et anéanties. En ce qui concerne l'entre-deux-guerres du vingtième siècle, la lutte pour l'âme de l'Allemagne était également perdue pour l'Ouest, cette lutte dont le ministre britannique des Affaires étrangères Austen Chamberlain, en face de son homologue français Aristide Briand, dans les années vingt, avait dit qu'elle était la mission centrale.

A présent, Konrad Adenauer reconnaissait qu'il fallait une nouvelle netteté des décisions, et non le vieux „pathos du milieu", un caractère prévisible du comportement des Allemands et non une politique du „non seulement — mais encore", et qu'il ne fallait ni une soumission, ni un jugement dans l'infériorité, mais non plus, en aucune façon, de l'arrogance ni de l'obstination.

En effet, il ne comprenait que trop clairement que la nouvelle communauté serait considérée pour longtemps encore comme un „Etat suspect"[35]. Il craignait sans cesse le nationalisme latent de ses compatriotes, leur „propension à manquer de bon sens"[36] et l'agitation; c'est pourquoi il estimait qu'une de ses tâches les plus pressantes était d'assoupir et d'apaiser ces caractéristiques, de les soigner et de les normaliser.

Sans être toutefois le moins du monde sournois, bien au contraire conscient de sa valeur et de son pouvoir, il réclamait la souveraineté nationale pour l'étape provisoire ouest-allemande. Mais il savait aussi, en cela il surclassait beaucoup d'autres, qu'il ne pourrait obtenir cette souveraineté nationale qu'après avoir offert aux ennemis d'hier des compensations anticipées à ses exigences, en vertu du principe d'égalité. Ce fut la seule façon d'obtenir la révision du statut d'occupation, conquise avec persévérance, révision qui, à partir de mars 1951, procura aux Allemands de l'Ouest, à maints égards, de nouveau plus de liberté de mouvement, et qui conduisit aussi à la création du ministère des Affaires étrangères. Et ce ne fut qu'au prix d'une adhésion à l'Administration internationale qui contrôlait la Ruhr qu'il put réussir à obtenir, certes déjà auparavant lors des accords du Petersberg du 22 novembre 1949, un allègement quant aux démontages accablants, et effectuer de timides premiers pas dans la direction d'une participation allemande à la future communauté européenne. Le fait que Kurt Schumacher, au cours du débat au Parlement du 24 novembre 1949, lui ait lancé pour cela les méchants mots de „chancelier des Alliés", contenait seulement, dans une certaine mesure, un grain de vérité, comme à cette époque il ne pouvait être que le chancelier des Allemands, qui cherchaient à conquérir la souveraineté avec les Alliés occidentaux et non contre eux.

Dans le contexte européen — qui s'épanouissait en offrant tellement de perspectives à la jeune République Fédérale, avec l'entrée de cette dernière, en tant que membre associé, au Conseil de l'Europe, dès juillet 1950 — il s'agissait avant tout de parvenir à un compromis avec la France. L'exigence de sécurité de la part du voisin occidental, à ce propos, ne paraissait à Konrad Adenauer, que par trop évidente. Déjà, dans les années vingt, il avait pensé donner à cette question une réponse créatrice, par la jonction des intérêts économiques et politiques des deux grands pays, l'Allemagne et la France, de même que ceux des plus petits Etats de l'Europe occidentale. Alors seulement, après que la „catastrophe allemande" se fut révélée comme étant aussi une catastrophe pour l'Europe, une époque funeste, s'avérait, à la différence de ce qu'il en était trois décennies plus tôt, enfin mûre pour les voies de l'avenir. En effet, à ia suite de la Seconde Guerre mondiale, dont les participants européens, tous autant les uns que les autres, étaient sortis tellement épuisés, la guerre froide qui, immédiatement après, s'instaurait si vite, au-delà de l'Allemagne totalement vaincue, avait amoindri l'importance des vainqueurseuropéens,l'AngleterreetlaFrance, en comparaison des géants de la politique mondiale à l'Est et à l'Ouest. Et sous l'empire de nouvelles nécessités, les deux Etats nationaux leaders en Europe occidentale se révélaient étonnamment disposés à l'arrangement.

Surtout du côté français, il existait une homologie bienvenue avec l'idée dominante, en matière de politique étrangère, de Konrad Adenauer, selon laquelle il fallait réaliser les aspirations allemandes et les intérêts européens sous le large parapluie de la Pax Americana.

Cette homologie fut déterminante pour le cours de toute l'évolution. Il s'agissait de contrôler, telle était la teneur de ce que commandait l'habileté de l'Etat français, exigence qui n'était pas sans être contestée et qui, il est vrai, s'imposait peu à peu: on était à même de contrôler pour longtemps l'Allemagne vaincue, non certes par l'autorité, mais, au contraire, seulement par l'association. C'est pourquoi il fallait lui accorder sous la forme d'une intégration, progressivement, par petites doses, la souveraineté nationale. Presque inévitablement, pour ce faire, on devait renoncer soi-même à des éléments de sa propre souveraineté — qui, de toute façon, était déjà considérablement limitée — de façon à trouver dans une intégration occidentale la sécurité pour son propre pays, sécurité que les Etats nationaux, chacun d'entre eux pris séparément, avaient si manifestement perdue. Comme on pouvait bien s'y attendre, l'intérêt pur et simple de remplacer ce qui avait disparu, conduisait ainsi à créer, en tant que nouvel idéal, une œuvre commune.

Parce qu'à la question de l'existence de l'Europe, qui concernait tous les Etats et qui était soulevée sous la pression énorme de la situation politique mondiale, on ne pouvait répondre plus longtemps sans elle, la jeune République fédérale d'Allemagne, en tant qu'avant-poste de la politique américaine d'endiguement en face de l'expansion du communisme des Soviétiques, accéda bientôt au rôle de partenaire. En retour, les Américains lui offrirent, avec une générosité que l'on rencontre rarement vis-à-vis d'un vaincu, une protection militaire, mais aussi des avantages économiques à l'échelle mondiale, qui n'avaient pas été octroyés au Reich, par exemple, durant l'entre-deux-guerres de ce siècle, dans le cadre de la Pax Britannica économique.

Et même, ils accordèrent à leur nouveau client plus important encore: en effet, constamment jusqu'au tournant marquant de la fin des années cinquante, ils prirent fait et cause pour une solution de la „question allemande" avec l'objectif de la réunification nationale. Lors du conflit de succession qui opposait les vainqueurs, le problème fut placé au tout premier rang dans l'agenda de la politique mondiale. En effet, il régnait un consensus sur le fait que la préservation de la paix générale fût dépendante de l'abolition de la séparation de l'Allemagne. Pour atteindre cet objectif, il fallait réaliser l'intégration des Allemands dans l'Occident atlantique et européen. Ce que l'on avait ainsi à atteindre à l'avenir devrait aussi rester supportable et créateur: ce principe était également érigé dans cette perspective, précisément, d'une nouvelle qualité de l'existence européenne. Les mises en garde de l'epoque selon lesquelles un engagement ferme à l'Ouest, du moins pour une longue période de l'histoire, coûterait justement le prix de la partition, ne paraissaient pas alors représenter immédiatement une évidence et n'étaient pas non plus partagées par la majorité.

Au contraire, le processus, aussi simple que compliqué, qui consistait à établir la souveraineté intégrée, fut mis en marche. „Les Allemands furent libérés de leurs chaînes pour de nombreux détails" – Reinhold Maier, remarquable libéral originaire du sud-ouest de l'Allemagne, a perçu ainsi ce processus, rétrospectivement avec lucidité[37] – „sur les points les plus importants de l'évolution prévisible de la politique internationale, (ils furent assurément) non seulement ligotés de nouveau, mais même, en vérité enchaînés à l'Ouest".

Le fait que l'intégration puisse dissimuler l'hégémonie, ainsi que De Gaulle, Président de la République, le reprocha ultérieurement aux Américains, fut à cette époque dénoncé publiquement par Kurt Schumacher au cours des débats allemands, parce qu'il lui semblait que „beaucoup de ce que l'on nomme aujourd'hui européen . . . est en réalité allié"[38]. Pour les Allemands vaincus, une telle réserve s'effaçait assurément derrière tout ce qui était nouveau et qui promettait d'évoluer de façon tellement originale; et cette réserve était même simplement écartée par la perspective qu'ils avaient, tout en étant vaincus, de gagner à nouveau en compétence, avec une rapidité étonnante. Rétrospectivement, il est presque incontestable, mais, à l'époque, il était aléatoirement controversé qu'en „perdant de sa propre souveraineté . . . (on devînt ainsi) plus disponible pour l'Europe"[39]. La possibilité que cette situation complexe, inconnue jusqu'ici, développe, à partir d'une composante tout à fait familière et d'une autre carrément révolutionnaire, une qualité vraiment spécifique, constituait alors tout naturellement encore une espérance impliquée plutôt par l'incertitude de l'évolution indécise que par le fait qu'elle puisse représenter une certitude future.

Le plan génial de Jean Monnet, en 1950, a ouvert la porte à cet avenir. Il demeure lié au nom de l'illustre Robert Schuman qui le transposa dans la réalité. Avec le volant de l'économie, il fit une grande politique; et pour éviter les guerres à venir, il fusionna les industries minières et métallurgiques des Etats de l'Europe occidentale, toutes ensemble. Avec une rapidité inespérée, à partir de ce moment, se réalisa la voie des Allemands à l'Ouest qui, en dix ans seulement, les fit passer de l'état de pays vaincu et occupé à celui de partenaire presque égal en droits et intégré.

Il était assurément difficile de prendre corps, dans ce cadre, pour l'autre initiative, similaire au plan Schuman et présentée quelques mois après le début de la guerre de Corée (25. 06. 1950) par Pleven, Président du Conseil français, qui préconisait de créer de même, dans le domaine militaire, une armée européenne avec une organisation supranationale. Le fait que la Communauté Européenne de Défense (CED) ait définitivement échoué à l'Assemblée nationale française en août 1954, renvoie de façon tout à fait spécifique, à la revendication plus qu'inhabituelle, jusqu'alors, dans la vie des Etats de sacrifier leur propre souveraineté au profit de l'intégration commune. Il est bien compréhensible que, pour la grande puissance française, il ait été excessivement difficile, précisément dans une perspective militaire, de remettre de cette façon, et même si ce n'était que partiellement, son armée, unique expression pure et simple de la souveraineté d'un Etat, à la disposition d'autres Etats. Pour la République Fédérale désarmée, qui, dépourvue de toutes forces armées, ressemblait plus à un protectorat qu'à un Etat, ce „jour noir pour l'Europe"[40] fut en revanche rapidement surmonté: pour ainsi dire, sans „intercalation"[41] de l'Europe continentale, associée, il est vrai, à l'Union de l'Europe Occidentale (UEO), elle était déjà conviée, en octobre de la même année, à adhérer à l'Organisation du Traité de l'Atlantique Nord (OTAN).

On ne peut que trouver naturel le fait que la détermination pour le côté occidental, indissociablement liée à l'instauration d'un front contre l'Est, fût accompagnée, entravée, par les alternatives historiques inhérentes aux affaires allemandes et même révélée sous une forme dialectique que Konrad Adenauer voulait, une fois pour toutes, proscrire et reléguer au royaume des ombres.

Sans aucun doute, ce qui produisit l'effet le plus significatif fut la note que Staline adressa le 10 mars 1952 aux trois puissances occidentales et qui, jusqu'à aujourd'hui, est considérée par les uns comme une chance négligée à la légère et par les autres comme une tentation repoussée avec prudence. Qu'en était-il?

Comme l'objectif classique de la politique étrangère soviétique — cette dernière consistait à ne jamais permettre aux Etats capitalistes d'Europe, donc, en premier lieu, aux puissances occidentales et aux Allemands, de se réunir en un „front unique", et cherchait au contraire à manœuvrer pour les opposer les uns aux autres — allait manifestement en sens inverse de tout ce que l'on s'efforçait de réaliser, et comme l'intégration occidentale, dynamique dans tous les domaines, faisait même apparaître un bloc dirigé contre l'URSS, le dictateur soviétique lança dans l'arène de la politique mondiale ce qui était supposé être la pomme de discorde d'une offre séduisante: elle proposait la réunification étatique de l'Allemagne et sa neutralisation armée. Cependant, aussi vague dans la richesse de ses perspectives qu'aléatoirement miroitant, son appel à l'esprit national des Allemands qu'il avait déjà courtisés, des années auparavant, lorsqu'ils étaient profondément humiliés, utilisant en même temps une grande flagornerie et de la gravité — à côté du peuple soviétique, les Allemands étaient ceux qui „possédaient les plus forts potentiels d'Europe pour accomplir des actions d'envergure, à l'échelle mondiale"[42] — cet appel donc, expira sans obtenir la résonance escomptée.

Avec l'approbation formelle du chancelier de la République Fédérale d'Allemagne, les Américains, les Britanniques et les Français répondirent négativement le 25 mars 1952, parce qu'ils considéraient que l'engagement occidental des Allemands de l'Ouest était plus important et plus intéressant que la réunification des Allemands sous des auspices impondérables, peut-être staliniens.

Mais Konrad Adenauer continuait, sans se laisser détourner, à maintenir le cap choisi jadis: précisément dans cette situation historique décisive, que les Soviétiques, devant l'intégration à l'Ouest non encore scellée de la République Fédérale d'Allemagne, essayèrent jusqu'en 1954 de maintenir ouverte, c'est-à-dire qu'ils s'efforcèrent de la clore en leur faveur, cela par d'autres offres dépassant de façon tentante la proposition originelle, la préservation de la liberté et de la paix était infiniment plus importante que l'unité nationale qu'il fallait atteindre justement par cette voie et non autrement. Mais par conséquent, l'évolution de l'Allemagne de l'Ouest vers la souveraineté, qui coïncidait avec l'orientation du pays à l'Ouest, pouvait se réaliser en contrepartie: par le „Traité (signé le 26 mai 1952) concernant les relations entre la République Fédérale d'Allemagne et les Trois Puissances", que l'on nommait ordinairement Traité de l'Allemagne ou Traité général ou Traité de Bonn. Le traité en question prévoyait de mettre un terme au régime d'occupation, accordait une souveraineté limitée par les privilèges des Alliés et obligeait les Etats signataires à réaliser, en tant qu'objectif commun, „une Allemagne réunifiée", „qui possède une constitution libérale et démocratique, analogue à celle de la République Fédérale, et qui soit intégrée dans la Communauté Européenne"[43]; jusqu'aux Traités de Paris d'Octobre 1954 qui, de nouveau, régirent les relations entre les Etats de la Communauté occidentale: ils fondèrent l'UEO, prévirent l'entrée des Allemands de l'Ouest au sein de l'OTAN et fixèrent, entre la République Fédérale d'Allemagne et la France, le statut de la Sarre que l'européanisation envisagée de ce land déterminait à subordonner à l'approbation de sa population.

On atteignit le but de ce passage étonnant du chaos inimaginable de la capitulation totale à un nouveau règlement des affaires allemandes le 5 mai 1955, lorsque, avec l'entrée en vigueur des Traités de Paris, la République Fédérale d'Allemagne devint souveraine. La souveraineté ne signifiait pas, il est vrai, être libre de toutes attaches, mais, au contraire, reposait sur le fait d'être engagé à l'Ouest; et elle n'avait pas été accordée aux Allemands dans le sens traditionnel du terme, sans limites, mais plutôt sous contrôle: elle était limitée, par exemple, par des restrictions volontaires dans le domaine de la politique de l'armement, comme la renonciation à produire des armes NBC (nucléaires, biologiques et chimiques), mais aussi par des clauses restrictives alliées concernant Berlin, en considération de l'Allemagne tout entière et pour le cas d'état d'urgence national.

En matière de politique intérieure, tout ne s'effectuait pas absolument sans histoires, au contraire les choses étaient contestées avec bien plus de véhémence, comme si, en présence de l'importance de tels problèmes, il aurait pu en être autrement. L'orientation, en matière de politique étrangère, du vieux chancelier fut favorisée, de façon déterminante, par une conjoncture économique sans précédent qui rendit la misère nationale plus supportable pour les Allemands de l'Ouest et qui leur permit même, apparemment, de trouver l'oubli dans le „miracle économique" de Ludwig Erhard.

Comme domestiqués par une „Entente cordiale dans la prospérité"[44], ils paraissaient, en définitive, tellement satisfaits, telle était l'idée à laquelle rêvait Maurice Martin du Gard, dès février 1945, lorsqu'il écrivait à André Gide, encore avant la fin de l'épouvantable guerre[45]: „Unique moyen de désarmer l'Allemagne: ... On doit la rendre heureuse ... Je rêve à l'idée d'une Allemagne mariée avec le bonheur. Nous ... savons le prix que cette race d'hommes attache au confort, à la vie bien ordonnée, aux simples joies de la vie, à la vie de famille. C'est *là* que l'on peut résoudre le problème".

Dieu soit loué, à la vérité, les Allemands de l'Ouest ne se contentèrent pas d'être tels que Winston Churchill l'avait souhaité pour l'avenir, avec un soupçon de cynisme compréhensible compte tenu de l'état de guerre, le 26 août 1941, au cours d'une séance du conseil des ministres, lorsqu'il avait exprimé le double objectif de la guerre de la Grande-Bretagne vis-à-vis de l'Allemagne, c'est-à-dire l'intérêt que portait les Anglais à un désarmement total et à une économie florissante de l'Allemagne, dans la formule: „riche, mais impuissante"[46]. Au contraire, les Allemands de l'Ouest se donnaient sincèrement du mal pour accorder à la réalité la considération qui convenait, ce que Theodor Heuss, lorsqu'il devint Président de la République Fédérale, exprima dans ces paroles qui constituaient à la fois une incitation et un engagement[47]: „La puissance extérieure a été perdue, la force morale doit être gagnée". Les Allemands de l'Ouest qui n'étaient plus des héros effrayants depuis longtemps mais qui n'étaient pas non plus seulement des Phéaciens suffisants, cherchaient la réconciliation avec le monde contre lequel, quelques années plus tôt, ils avaient fait la guerre, ce monde qu'ils avaient tourmenté; ils s'engagèrent, le 10 septembre 1952, dans le Traité de Luxembourg à indemniser matériellement Israël et signèrent, le 27 février 1953, la convention de Londres par laquelle ils reconnaissaient leurs dettes: Après avoir été aidés, de façon désintéressée, par ceux qui avaient été, autrefois, durant la guerre, leurs ennemis, aidés, par exemple, dans le cadre du Plan Marshall, ils devaient faire face à la dette financière totale que la République Fédérale avait à assumer à la place du Reich.

Des progrès, des réalisations et des réussites n'étaient assurément pas à même de permettre que l'on regarde au-delà du paradoxisme fondamental qui accablait le nouvel Etat depuis sa naissance. Ce paradoxisme se concentrait dans la question qui revenait sans cesse sur le tapis: il s'agissait de déterminer:

— si ce nouvel Etat devait être considéré, en premier lieu, comme solution provisoire en attendant la réunification, ou

— si, bon gré, mal gré, il fallait l'accepter comme un Etat parmi d'autres, au moins jusqu'à un certain point,

— s'il avait l'intention d'agir de préférence en tant qu'étape transitoire sur la voie qui mènerait à l'Europe unie, et

— comment concilier cet engagement supranational vis-à-vis de l'Ouest avec la réunification, tournée vers l'Est. Seulement, durant une période relative courte, au cours des années cinquante jusqu'à leur fin mouvementée, même tumultueuse, il existait une ébauche d'harmonisation idéaliste de l'orientation atlantique, européenne et allemande, que la politique étrangère de Bonn avait avantageusement favorisée. Les différentes considérations, d'origine tout à fait diversifiée, se concentraient une fois sur deux sur des doutes apparaissant alors de plus en plus forts, quant à ce problème: l'objectif de la réunification nationale, mis en question un peu plus tard, pendant les „roaring sixties", en tant que revendication traditionnelle de la politique extérieure allemande, pourrait-il donc encore être atteint dans un proche avenir? Ces considérations ne quittèrent, au fond à aucun moment de leur existence, déjà tellement riche matériellement, les Allemands de l'Ouest qui avaient indiscutablement de l'assurance, mais sans vraiment se sentir en sécurité.

Pouvoir être de nouveau rétrogradé au rang de simple objet aux mains des vainqueurs, devoir revivre le cauchemar d'un nouveau Potsdam, être sacrifié au marchandage soviético-américain, ou tomber au milieu d'une alliance franco-russe, constituaient autant de craintes qui harcelèrent surtout, durant toute sa vie, le vieux chancelier. De façon nettement moins concrète, mais néanmoins sérieuse, les habitants de ce paysage de prospérité, agréablement réchauffé par les puissants rayons de soleil du „miracle économique", étaient, eux aussi, sans cesse de nouveau tourmentés par des soucis indéterminés et envahis par des angoisses indéfinies, qui débouchaient sur la question pleine de méfiance suivant la formule „pourvu que ça dure". En effet, pendant ces années couronnées de tant de succès, en matière de politique étrangère, pour la République Fédérale, au cours desquelles, grâce à la générosité mesurée de la France et à l'obstination conciliante du gouvernement de Bonn, la „réunification modèle réduit"[48] avec la Sarre fut réalisée le 1er janvier 1957, de sérieuses fissures apparaissaient même déjà, de façon flagrante, dans l'architecture extérieure de l'Etat ouest-allemand: elles renvoyaient aux secousses d'une époque nouvelle avec leurs lignes de faille inconnues jusqu'alors et leurs cassures inattendues dans les relations interétatiques.

Parce que le vent de la politique mondiale tournait assez progressivement, que la tempête de la confrontation entre les puissances mondiales commençait à s'apaiser, et le calme de la détente à s'instaurer, la conjoncture de la guerre froide extrêmement favorable à la République Fédérale d'Allemagne, quant à ses aspirations à l'égalité des droits, mais non, il est vrai, en ce qui concerne sa revendication de l'unité, se faisait plus sereine. La sensibilité de l'Etat de Bonn, tellement dépendant de la politique internationale, ressortait nettement; l'aspect „inachevé"[49] de son existence apparaissait crûment; et la nervosité de ses citoyens, qui avait provisoirement cessé, s'éveillait de nouveau. Depuis le milieu des années cinquante déjà, on discutait certes avec une telle priorité de la détente entre les blocs et de la nécessité du désarmement, que la formule, qui jusqu'alors était incontournable, d'une façon générale, pour l'Ouest, selon laquelle la réunification allemande était la clef dans la serrure permettant d'accéder à la détente de la politique mondiale, cette formule donc, se fissurait. Cette orientation affectait rudement aussi la raison, jusque-là valable, de la jeune République, de trouver au moyen de l'intégration occidentale à la fois la souveraineté étatique et l'unité nationale. En effet, lors de la conférence de Genève des quatre ministres des Affaires étrangères, du printemps et de l'été 1959, on évoqua, somme toute pour la dernière fois en tant que problème central de la politique mondiale, la question de la réunification allemande.

Le fait que cette évolution, malgré le puissant courant d'une époque nouvelle dont les préoccupations étaient essentiellement fondées sur les problèmes de la Pax Atomica, ne pût, bien entendu, laisser les Allemands indifférents, était indiscutablement attesté par l'Ostpolitik engagée par Konrad Adenauer en 1955. Sous la formule abrégée: „A l'Est, rien de nouveau", il suivait — en ce qui concerne ses compatriotes, non, il est vrai, pour ce qui est des puissances occidentales informées par ses soins — la maxime de Descartes et avançait masqué: „Larvatus prodeo".

En effet, depuis le début, il lui semblait évident, à ce propos, que l'évolution au sein de la „question allemande" supposait avant tout le calme dans son propre pays et que la résolution du problème national des Allemands ne pourrait être réalisée qu'à Moscou. Après avoir immuablement amarré la République Fédérale d'Allemagne à l'Ouest, il se chargea de la mission à Moscou, incomparablement difficile. Cela le détachait, de façon caractéristique, des contacts que le Ministère des Affaires étrangères, dans le cadre de l'Ostpolitik, cherchait à nouer avec la Pologne dont il se méfiait fondamentalement, tout à fait à l'opposé des préférences polonaises que manifestaient alors ses diplomates. Cette méfiance était due au fait qu'il flairait chez cette administration l'existence d'une „tradition Rapallo". Il redoutait celle-ci d'une manière presque aussi mythique que le faisaient les Français.

Contrairement au conseil de ses collaborateurs les plus proches, il établit des relations diplomatiques avec l'Union Soviétique et essaya d'alléger les préjudices qui en résultèrent pour la prétention à la représentation exclusive, par la doctrine de Hallstein.

Celle-ci établissait que, exception faite de l'Union Soviétique en tant que l'une des quatre puissances responsables de l'Allemagne dans son entier, tous les autres Etats du monde, avant le choix de l'exclusivité, devaient, sans compromis aucun, entretenir des relations diplomatiques ou avec la démocratie de Bonn, ou avec la dictature de Pankow. Cela fut couronné de succès, aussi longtemps que la doctrine eut une application conséquente.

Cependant, les résultats déterminants du voyage à Moscou du chancelier de la République Fédérale — la normalisation des relations entre les deux Etats par l'échange d'ambassadeurs et le retour dans leur patrie de 10 000 prisonniers de guerre allemands jusqu'alors retenus encore en Union Soviétique — sans que ces éléments fussent officiellement liés l'un à l'autre, mais, en fait, ils allaient de pair, constituèrent une tradition difficile, pour la politique de Bonn vis-à-vis de l'Est et de l'Allemagne. Son dilemme est l'évidence même: on avait accordé au côté oriental des concessions politiques sur lesquelles on ne pouvait pas, ou pratiquement pas, revenir; en échange de quoi, on avait même obtenu des allègements pour les hommes, allègements qui, eux, étaient uniques ou révocables. Depuis le milieu des années cinquante, et pas seulement dans la décade qui suivit ou sous le signe de la nouvelle Ostpolitik de Willy Brandt, par conséquent, le problème se posait, qui, il est vrai, n'avait pas encore tellement d'importance par ses proportions et son intensité, mais il n'en était pas moins vrai que, dans le principe, il était sur le tapis: une démocratie qui se trouvait sous la contrainte des exigences de son opinion publique ne menaçait-elle pas de succomber face à une dictature largement dispensée de cette contrainte?

Ne devait-elle pas presque nécessairement, glisser sur la mauvaise pente d'une bilatéralité inégale, et ne serait-elle pas contrainte à sacrifier de plus en plus de sa stabilité des valeurs contre quelque chose de provisoire? Ou bien, les éléments bienvenus humainement parlant, et préjudiciables politiquement, n'auraient-ils pas en fin de compte des résultats tout à fait différents, même carrément contraires? La prépondérance marquée dans une telle procédure d'un fléchissement apparent pouvait-elle développer une force de propagande au point que l'autre côté ne soit capable, à la longue, de résister à la pratique des humains et à l'idée de la liberté?

Depuis l'époque d'Adenauer, la question élémentaire qui consistait à déterminer dans quelle mesure la souplesse, pleine d'attraits, pourrait l'emporter longtemps, même sur l'inflexibilité qui suscitait la crainte, accompagnait donc la politique de Bonn vis-à-vis de l'Est et de l'Allemagne. La réponse à cette question semblait d'autant plus déterminante et en suspens que, dans les dernières années où il était chancelier, entre 1958 et 1962/63, au cours de son Ostpolitik largement menée dans le secret, Adenauer se mettait de façon plus énergique et plus décisive à placer dans le débat des conceptions alternatives à l'opposé de la politique relative à l'Allemagne préconisée jusque-là, il cherchait aussi à trouver un modus vivendi avec l'Est, pour ensuite, après un intervalle de temps plus ou moins long, se rapprocher de nouveau de la résolution de la „question allemande". C'est dans cette perspective que la proposition soumise aux Soviétiques en mars et avril 1958 visait une „solution type Autriche" pour la RDA et prévoyait pour l'Etat de Pankow une liberté dans le domaine intérieur ainsi qu'une neutralité en matière de politique étrangère.

Le „Plan Globke", dans ses rédactions de 1959 et 1960, qui devait être considéré comme le fondement interne de cette politique d'Adenauer vis-à-vis de l'Allemagne et de l'Est, procédait selon la devise suivante: d'abord la liberté pour la RDA, ensuite la réunification pour l'Allemagne. Et le projet d'une „trêve" offerte par Khrouchtchev en juin 1962 proposait de respecter le statu quo pendant dix ans au prix d'allègements politiques et humains pour les Allemands en RDA. Mais tous mentionnaient qu'il fallait normaliser les relations avec l'Union Soviétique et en même temps parvenir à progresser sur le terrain, à l'abandon comme un désert, de la politique relative à l'Allemagne.

Ces tentatives du vieil homme d'Etat, qui ne purent se concrétiser, tombèrent dans une période où, de nouveau, la politique mondiale s'agitait intensément, alors que, à la différence de ce qui à l'origine avait suscité auparavant tellement d'espérances, l'Ouest, en effet, se bornant à défendre ce qui existait, ne prenait pas d'initiative pour résoudre la „question allemande". Tout à fait à l'opposé de cela, Khrouchtchev, avec un esprit de risque, entreprit alors plutôt une forte offensive qui, de l'ultimatum de Berlin en 1958 jusqu'à la crise des fusées installées à Cuba en 1962, n'était pas sans paraître déterminée à régler aussi le problème de l'Allemagne dans le sens oriental, et conduisit le monde à deux doigts d'une troisième grande guerre. Et immédiatement l'angoissante question se posa: Berlin deviendrait-il un nouveau Sarajevo ou un autre Danzig? Devait-on sacrifier pour cela sa propre vie et la civilisation de l'humanité? Mais régulièrement, Konrad Adenauer, qui, au cours de la crise de Berlin qui traînait en longueur, demandait aux partenaires occidentaux et aux puissances protectrices de faire le maximum possible, sans risquer le pire pour son propre pays, voyait clairement la fragilité de la République Fédérale d'Allemagne: elle représentait certes une „grande puissance européenne"[50] de qualité nouvelle, intégrée, mais „dans le grand jeu du monde, elle n'(avait) toutefois qu'un tout petit rôle"[51].

En 1961, l'„année du choc"[52], la construction du mur de Berlin, symbole repoussant du „communisme des chars" (Ernst Fischer) au mépris de l'homme, clarifia à divers points de vue la situation de la constellation internationale. Les illusions étaient définitivement pulvérisées qui, le 17 juin 1953, lors du soulèvement populaire en RDA, s'étaient déjà envolées, tellement privées d'espoir, illusions selon lesquelles, dans le conflit particulier qui opposait l'Allemagne à l'Union Soviétique, il serait possible de compter sur l'Ouest pour trouver une solution au problème national. C'est pourquoi, avec la réserve de l'homme d'Etat, qui lui coûta de nombreuses sympathies de ses compatriotes, Konrad Adenauer renonça donc à effectuer tout geste de politique extraordinaire, dont le caractère résolument offensif aurait pu facilement aboutir à des effusions de sang guerrières. Tout à fait responsable, il montra plutôt l'aptitude de son pays pour la paix.

Sa méfiance augmentait assurément à l'égard de l'Amérique du jeune président Kennedy, cette Amérique qui selon lui était complètement fanatique de la détente. C'est pourquoi, d'autant plus résolument, il développait encore davantage cette ligne de „réassurance" qui, pour le cas où l'Amérique esquiverait ses obligations européennes, se tournerait vers la protection de la France et s'efforcerait en même temps d'empêcher les voisins occidentaux de s'orienter vers l'Union Soviétique.

En République Fédérale d'Allemagne s'engageait en même temps le grand débat en matière de politique étrangère entre les „atlantistes" et les „gaullistes" qui, en principe, étaient tous d'accord pour ne pas vouloir renoncer à la protection nucléaire des Américains. Il est vrai que les uns se proposaient de profiter de cette protection à des conditions plus indépendantes de l'hégémonie américaine que les autres qui considéraient le nouveau patron européen au fond comme encore plus sévère que les Américains et surtout trop léger pour pouvoir lui confier la sécurité fragile de leur propre pays.

Ce hiatus profond et néanmoins surmontable pour la République Fédérale eut une répercussion évidente dans l'élaboration du traité franco-allemand de l'année 1963. En effet, le préambule marqué par une orientation anglo-saxonne, que la diète fédérale avait ajouté dans la loi de ratification du 16 mai 1963, pour l'équilibrer, au traité d'amitié franco-allemand signé le 22 janvier de la même année, relativisait l'exclusivité de l'„entente élémentaire"⁵³. Malgré la déception d'Adenauer et du Général de Gaulle et en dépit du supplément sur l'engagement atlantique, tellement essentiel pour la République Fédérale, l'existence du traité avec l'Elysée développa son propre poids créateur et servit avantageusement l'Europe. Et aussi, ce n'était pas le moins important, dans une perspective politique relative à la sécurité, la France prenait une telle importance aux yeux des Allemands que déjà, une décennie plus tard, selon le jugement du chancelier fédéral Helmut Schmidt, elle se plaçait „juste derrière l'Amérique"[54].

Mais pour le moment, en janvier comme en mai 1963, satisfaction et tristesse se mélangeaient de façon curieuse, jusqu'à ce que, tout à fait indépendamment de cela, les éléments précurseurs de l'avenir de la relation particulière franco-allemande se libèrent de toutes ces diverses conditions retardatrices et favorisent une évolution qui influence l'histoire.

III.

Au début des années soixante, la République Fédérale d'Allemagne se trouva incontestablement confrontée à des difficultés en matière de politique étrangère. Cette situation problématique arrivait à propos pour l'opposition, cela avant tout pour des motifs concernant la politique intérieure. Quand le navire fut ballotté par le roulis, l'opposition accourut pour aider à maintenir le cap. Elle s'était encore démarquée en mars 1959 avec son „plan pour l'Allemagne", qui était soutenu par les vieilles formules de la dénucléarisation et de la démilitarisation, de la neutralité et du désengagement en Europe centrale, et seulement un an plus tard, elle changea d'avis et se conforma à l'orientation du gouvernement qu'elle avait rejetée jusque là avec tellement de véhémence. Précisément dans un moment historique, alors que l'harmonie constituée des intérêts atlantiques, européens et allemands dans l'architecture de la politique étrangère d'Adenauer menaçait de se rompre, la SPD se révélait partisan du système d'alliance occidental et acceptait la prééminence de l'engagement à l'Ouest par rapport à la réunification. Les sociaux-démocrates accueillirent avec, au total, encore plus de distance que l'Union partagée sur la question de la proposition remarquable du Général de Gaulle, qui, sans qu'elle n'engage, intentionnellement, à quoi que ce soit, excita sans cesse, de nouveau, l'attention de la politique étrangère ouest-allemande durant les années soixante, proposition d'après laquelle la réunification de l'Allemagne pourrait tout à fait concorder avec les intérêts français, tant qu'elle se réaliserait seulement „sans une trop grande ambition quant aux questions de frontière et d'armement"[55].

Au bout du compte, les puissances occidentales laissaient, à présent, obstinément de côté la vieille formule selon laquelle la détente globale ne pourrait être atteinte qu'au moyen de la réunification allemande; le retournement de ce qui, jusqu'alors, avait force obligatoire, s'esquissait d'ailleurs très visiblement. Des accrocs dans les relations avec la puissance hégémonique américaine, une stagnation du mouvement qui conduirait à l'Europe, la renaissance des Etats nationaux, et les longs spectres de leur passé qui commençaient seulement maintenant à rejoindre le pays avec force, tous ces éléments faisaient naître chez les Allemands un sentiment de menace et d'inquiétude que Seydoux, ambassadeur de France, à l'automne 1966, cernait dans ses paroles prophétiques qui donnaient à réfléchir: Ils „se sentent brusquement laissés tout seuls"[56].

Il fut déterminant pour l'avenir de la politique étrangère de la République Fédérale d'Allemagne dans la décennie qui venait, les années soixante-dix, que les Américains la poussent à se tourner vers l'Est et recommandent de plus en plus impatiemment à ses interlocuteurs de Bonn de ne pas rester plus longtemps „les pieds... dans le béton"[57]. Plus résolument et plus efficacement que l'Union qui hésitait et qui était divisée par les dissensions sur la politique étrangère, la social-démocratie, clairement orientée du côté atlantique, suivit cette recommandation.

Dans un entrelacs des fronts caractéristique de l'assemblage des partis ouest-allemands de l'époque, sortie de l'opposition, d'une façon tout à fait générale, elle participait au gouvernement et soutenait tout particulièrement les efforts du ministre chrétien-démocrate des Affaires étrangères Schröder qui visaient prudemment un „assouplissement de notre Ostpolitik"[58], face à ceux qui critiquaient cette orientation dans ses propres rangs. En revanche, le nouveau chancelier fédéral Erhard, plein de bonne volonté, mais à qui la politique extérieure était complètement étrangère, essaya au contraire d'occuper une nouvelle fois encore des positions, quant à la politique étrangère allemande et à l'Ostpolitik, qui avaient déjà été abandonnées au cours de la politique secrète d'Adenauer, pendant les cinq dernières années de sa fonction en tant que chancelier. Contre le courant de l'époque, il s'efforça vainement de mettre à l'ordre du jour de la politique mondiale le sujet de la réunification allemande.

Dans quelle mesure au juste les convictions morales d'Erhard déterminaient ses agissements politiques fut manifeste lorsqu'il prit sa décision, vraisemblablement la plus importante en matière de politique étrangère, qui conduisit à l'établissement des relations diplomatiques avec Israël, le 11 août 1965. A première vue, c'était une décision malhabile, même si, par la suite, elle semblait juste. Avec cette décision parfaitement inattaquable moralement, et même seulement peu préjudiciable politiquement, le chancelier prenait fait et cause pour le peuple juif, contre la volonté du monde arabe.

Pendant ce temps-là, le Ministre des Affaires étrangères, Schröder, avait engagé une politique du mouvement, noué de nouveaux contacts avec l'Europe centrale de l'Est, et réadopté une ancienne ligne traditionnelle de la politique étrangère allemande, sous, il est vrai, des auspices complètement différents. En laissant intentionnellement de côté la RDA, il avait dans l'idée d'isoler cette dernière de façon tellement manifeste qu'elle devrait donner l'impression d'être un „anachronisme politique" „sur la carte géographique de l'Europe".[59] Avec la conclusion d'accords commerciaux avec la Pologne, la Roumanie et la Hongrie au cours de l'année 1963, auxquels s'ajouta en 1964 un contrat correspondant avec la Bulgarie, cette stratégie du mouvement tournant qui marquait en même temps le début de la fin de la doctrine de Hallstein, semblait très prometteuse, jusqu'à ce qu'elle soit coincée et ne puisse plus avancer dans les négociations avec la Tchécoslovaquie: l'Union Soviétique intervint sur le projet en le freinant brusquement et montra clairement, sans laisser le moindre doute, qui était le patron à qui on devait régler l'addition. De plus, la tentative de Schröder pour isoler la RDA fut contrecarrée précisément par le fait qu'en même temps, le partenaire libéral de la coalition et avec lui le bourgmestre social-démocrate de Berlin, Willy Brandt, engagèrent des négociations pour l'octroi de laissez-passer et conclurent un accord sur cette question: avec les arrangements qui permettaient aux Berlinois de l'Ouest de passer à Berlin-Est, ils intensifiaient justement les contacts avec la RDA, que, de son côté, le ministre des Affaires étrangères cherchait à cantonner dans une sorte de quarantaine. La question de la compatibilité entre les positions légitimes et les allègements humains se posait ainsi de nouveau, de façon encore plus pressante qu'elle ne l'avait déjà fait auparavant; le dilemme entre la politique vis-à-vis de l'Est et la politique relative à l'Allemagne s'envenimait manifestement.

Au total, durant l'époque libérale des années soixante qui commençait alors, un mouvement quant à la politique relative à l'Allemagne faisait son apparition; il révéla les points communs, en matière de politique étrangère, des sociaux-démocrates et des libéraux qui préconisaient changement, assouplissement et ouverture. Ces points communs, durant peu d'années seulement, servirent de pont et de base aux deux partis pour constituer une coalition en ce qui concerne la politique intérieure. Le fait qu'un débat sur la „question allemande" s'instaure à nouveau n'était guère étonnant outre mesure, à une époque où le concept classique de la réunification avait déjà échoué pour un temps que l'on pouvait supposer être long, dans une période où les chemins qui devaient mener à l'Europe étaient bloqués par des obstacles provisoirement insurmontables, alors que l'Etat national, au sens traditionnel du terme, connaissait sa renaissance comme étant une „finalité de l'histoire", cela surtout en France, mais aussi, à certains égards, de l'autre côté de la frontière qui séparait les deux blocs, en Roumanie.

En République Fédérale, l'„époque Hallstein" se voyait à présent exposée à des attaques de plus en plus violentes: au sein du public, commençait à se développer un „parti de la reconnaissance" et, de la droite à la gauche politiques, de la notion d'une „européanisation de la question allemande" dans le sens où l'entendait Franz-Joseph Strauss, jusqu'au projet d'une „confédération" des Etats allemands selon l'idée d'Herbert Wehner, des concepts de la politique relative à l'Allemagne étaient, presque sans relâche, proposés, discutés et repoussés.

Il est vrai qu'une telle activité, tellement intense, ne pouvait, par-dessus le marché, faire perdre de vue le fait que la République Fédérale d'Allemagne, en ce qui concerne sa position en politique étrangère, durant les années de la si brève „époque Erhard", se trouvait dans une situation extrêmement difficile.

Alors que les espérances européennes des Allemands se perdaient dans l'introuvable lors d'interminables débats autour du prix des céréales et que l'Union Soviétique attaquait avec acharnement, comme auparavant, l'Etat de Bonn considéré comme ennemi, le „grand écart diplomatique"[60], auquel était contrainte par les Américains et les Français la politique étrangère de Bonn, semblait par moments dépasser fâcheusement ses capacités réelles. Qui devrait, et c'est là que réside la question vitale de l'Etat en danger, si l'on en était à la dernière extrémité, avec tous les moyens mis à sa disposition, défendre le „pays directement menacé"[61] à la frontière entre les deux mondes? Cela avait été incontesté pendant si longtemps, lorsque régnait la guerre froide; or, la nouvelle loi qui régissait la politique mondiale signifiait qu'il ne devait y avoir plus longtemps de confrontation, mais au contraire la détente. Le chancelier fédéral Erhard, qui débattait de ce problème vital avec une ténacité que l'on ne lui connaissait pas habituellement, soumettait sans cesse de nouveau aux Américains la question qui consistait à déterminer ce qui leur importait le plus, l'OTAN ou la détente, et ce qu'il en était de l'identité des intérêts américains et allemands en matière de sécurité[62]: „Qu'arriverait-il si Hambourg était attaqué avec un armement conventionnel? Utiliserait-on des armes nucléaires tactiques? L'Union Soviétique répliquerait-elle avec les mêmes armes?

Serait-ce alors le moment où le président (américain) prendrait la décision de frapper un grand coup? . . . En ce cas, ce serait l'alternative suivante: mettre le monde en pièces ou accepter qu'un pays soit occupé".

Au bout du compte, il ne pouvait jamais y avoir vraiment de doute quant au fait que seuls les Américains, et aucune autre puissance occidentale, seraient capables de fournir une protection efficace. A cela s'ajoutait encore avantageusement qu'ils fussent disposés à offrir plus à l'allié ouest-allemand, même en ce qui concerne une participation à la défense nucléaire, que cela semblait être le cas pour la partie contractante française. Le projet de la M. L. F., une flotte de surface de l'OTAN, intégrée, et équipée de missiles nucléaires américains, offrait au moins aux Allemands, dans le cadre contrôlé par les Américains de la Communauté de défense de l'Atlantique Nord, un bout de cette souveraineté unique, propre à l'Etat, qui, selon l'estimation parfaitement réaliste du Général de Gaulle, trouvait son expression, en fin de compte, uniquement dans l'arme nucléaire. Quand le projet de la M. L. F., qui, dès le début, donnait l'impression d'être fâcheusement artificiel, finit par échouer, la République Fédérale d'Allemagne obtint, pour ainsi dire en remplacement de sa participation non réalisée à cette „flotte-fantôme avariée"[63] et dans le sens, considéré comme un compromis, du principe, en vigueur en politique étrangère, du mélange de souveraineté et d'intégration, un siège permanent au sein du Groupe de planification nucléaire (NPG) qui avait été fondé en décembre 1966.

Mais auparavant, en mars 1966, conformément à la progressivité prudente de sa loi du mouvement en matière de politique étrangère, le gouvernement de Bonn avait payé son tribut à la trop forte tendance des efforts occidentaux pour la détente, et à tous les gouvernements de l'Est et de l'Ouest, à l'exception de la RDA, elle avait fait parvenir une „note pour la paix" qui exprimait, à présent aussi officiellement vis-à-vis de l'Est, une politique de renonciation à la force. Le fait que les responsables en matière de politique étrangère, au demeurant même dans une situation décisive difficile voire extrême, n'aient pas pensé à chercher la souveraineté de leur Etat en dehors de l'intégration occidentale, qu'ils ne soient pas retombés dans le passé et qu'ils aient préféré sans restriction une auto-limitation de l'ancienne démesure, apparut nettement lorsqu'en mars 1966, le président de Gaulle annonça que son pays se retirait de l'organisation militaire intégrée de l'OTAN. Le fait qu'en relation immédiate avec cet événement, une multiplicité de questions brûlantes éclata, ne laissa pas un instant les Allemands de l'Ouest conserver un doute quant à leur orientation: „Malheur à nous", ainsi s'exprimait le jugement pertinent du chancelier fédéral Erhard[64], „si nous avions l'ambition d'édifier maintenant notre propre position entre les fronts". Le ministre de la Défense, von Hassel, laissait toutefois comprendre ce point de vue dans les paroles suivantes[65]: „Pas de propre état-major général allemand, s'en tenir fermement au principe de l'intégration".

Le gouvernement de la Grande Coalition de l'Union et de la social-démocratie, qui suivit bientôt, prépara aussi, en ce qui concerne la politique extérieure, selon l'avis de Carlo Schmidt – „homme de lettres", parlementaire important et ministre du cabinet Kiesinger – „un passage, dont on remodelait le caractère, par la porte ouverte sur l'avenir"⁶⁶.

Notamment, la relation avec les Etats-Unis d'Amérique, fort détériorée, fut considérablement améliorée: l'irritation quant à l'absence ou l'adhésion des Allemands de l'Ouest au traité, controversé, de non-prolifération des armements nucléaires pouvait être laissée de côté si l'on s'orientait dans le sens de l'intégration. Et en ce qui concernait les questions litigieuses, entre les deux partenaires de l'Alliance, quant à la rémunération compensatoire des troupes américaines stationnées en Allemagne, elles ne représentaient bientôt plus aucun problème sérieux, avec la conjoncture économique de nouveau à la hausse. Certes, les riches Allemands de l'Ouest avec leur D-Mark fort, devenaient dans une large mesure, par-dessus le marché, et cela au grand dam du Général de Gaulle, de plus en plus un „vassal monétaire privilégié"⁶⁷ pour les Américains, à qui leur guerre asiatique coûtait extrêmement cher, et pour leur dollar par conséquent affaibli. Mais aussi, la difficile relation avec la France prenait une forme passable: le Ministre des Affaires étrangères, Brandt, surtout, avait certes la ferme conviction que, malgré les difficultés que le président français occasionnait alors sans aucun doute aux autres Européens, il fallait néanmoins toujours „prendre en considération", „ce qui, au-delà des différends actuels, tenait au fait que nous faisions passer la relation franco-allemande par une période difficile et qu'elle en ressortirait intacte ou non"[68]. „Paris est, en importance, le second partenaire dont nous avons besoin", c'est ainsi que le président du groupe parlementaire social-démocrate Helmut Schmidt commentait à l'époque la simple nécessité de mener une telle politique[69]: „Que cela nous plaise ou non. On n'a qu'à s'imaginer une fois le cas théoriquement extrême où les Français disent aux Polonais ou aux autres en Europe Orientale, oui, vous avez parfaitement raison, ces Allemands sont vraiment des revanchards. Si cela se produisait, je dis bien, il s'agit d'un cas extrême théorique, c'en est fini de la politique étrangère allemande. Personne ne peut nous porter atteinte aussi horriblement que les Français, ces derniers le savent aussi, ils ne menacent absolument pas de le faire, ils savent qu'il s'agit d'une menace implicite. C'est pourquoi . . . un grand ménagement à l'égard de la France est inévitable . . .".

En ce qui concernait la question en suspens pendant toute la période qui suivit les années soixante d'une entrée de la Grande-Bretagne dans la Communauté européenne, Bonn essaya de servir de médiateur entre les Britanniques qui ambitionnaient l'Europe pour y tenir le rôle principal, et le président de Gaulle qui, précisément pour cette raison, leur infligeait une espèce de „blocus continental modéré"[70] – parce que justement un seul pouvait être le premier. En fin de compte, la force économique débordante de la République Fédérale d'Allemagne fit pencher la balance d'une façon pour ainsi dire indirecte: selon l'avis plein de sagesse des experts en politique étrangère comme Kurt Birrenbach pour la CDU ou Helmut Schmidt pour la SPD, l'entrée de la Grande-Bretagne était même impérieusement nécessaire pour équilibrer l'Europe sur l'indispensable balance. Tout à la fin du temps de son gouvernement orienté sur la grandeur de la France, le Président de la République de Gaulle faisait encore disposer d'une manière différente, même si c'était temporiser, les aiguillages qu'ensuite ses successeurs fixèrent définitivement sur la voie d'une entrée des Britanniques au sein de la Communauté européenne.

Avec cela, Willy Brandt, d'abord en tant que ministre des Affaires étrangères puis comme chef du gouvernement, n'avait pas été le dernier à aider à résoudre un problème à l'Ouest; de cette façon, il obtenait toute latitude pour l'Ostpolitik qu'il devait mener par la suite en tant que chancelier fédéral. Réaliser le „changement par (le) rapprochement", telle était, dans ce domaine, la formule du programme de la social-démocratie qui, pendant la première moitié des années soixante, gardait force obligatoire pour son Ostpolitik; à la fin des années soixante, s'étant enrichie d'une certaine expérience au gouvernement, la SPD se mettait en devoir de chercher la „sécurité par la normalisation". Les deux projets de l'Ostpolitik préconisée par la social-démocratie furent néanmoins repris par la suite, au cours des années soixante-dix, que ce soit avec une dominance se succédant dans le temps de l'un sur l'autre, que ce soit dans une situation caractéristique où tous deux étaient mélangés.

Auparavant, toutefois, le gouvernement de la Grande Coalition prit définitivement congé de la formule „réunification avant détente", en souffrance depuis si longtemps déjà, et qui, face au courant de l'époque, semblait si fâcheusement inopportune. Le chancelier Kiesinger paraissait chercher à réaliser un „joint process"[71] des deux éléments, ce qui était non seulement tout à fait réaliste mais même indispensable. En parfaite connaissance de cause, il partit des plans établis dans les derniers temps de Konrad Adenauer et évolua pour aboutir au renversement de la formule traditionnelle. Ce renversement s'amplifia sous son successeur Brandt lorsque la reconnaissance devait constituer la condition du changement et la confirmation des frontières existantes, marquer le point de départ de la perméabilité progressive de ces dernières. La „Neue Ostpolitik" de Kiesinger, dont le chef du gouvernement parlait tout à fait sciemment, englobait à présent aussi la RDA dans la politique de la renonciation ouest-allemande à la force, sans toutefois jamais quitter des yeux l'objectif de la réunification. Cependant, le regard, entraîné à la politique étrangère, du chancelier fédéral n'allait pas plus loin qu'une Allemagne réunifiée, ainsi qu'il exposait, le 17 juin 1967, lors de son discours peut-être le plus important en matière de politique étrangère, qu'il fallait posséder „un ordre de grandeur critique"[72] et qu'on avait grand besoin du support européen.

Dans leur ensemble, les circonstances que le secrétaire d'Etat Carstens avait exposées au cabinet, de façon percutante, dès le 14 octobre 1966, dans un constat dressé sans ménagements à l'égard de la politique étrangère ouest-allemande, entraînaient des conséquences inéluctables. Même si elles ne se produisaient pas du jour au lendemain et cela non sans des lenteurs dues à la politique de parti, elles apparaissaient toutes néanmoins irrésistibles: la République Fédérale d'Allemagne devait faire ses adieux à l'époque de la guerre froide, époque qui, à certains égards, avait présenté des avantages pour elle. En effet, malgré l'intervention soviétique en Tchécoslovaquie le 21 août 1968, la tendance globale à la détente se maintenait toujours fermement, sous la contrainte de la Pax Atomica. Si elle ne voulait pas s'isoler, mais au contraire trouver, dans la mesure du possible, plus d'autonomie à côté de son partenaire occidental, Bonn se devait de s'adapter à la nouvelle situation mondiale largement plus déterminée qu'auparavant. Pour ce faire, des démarches résolues vers l'Est étaient absolument incontournables.

## IV.

Construire effectivement un Etat et réaliser quelque chose de concluant, historiquement parlant, était lié de façon privilégiée, durant la politique étrangère. Cela s'applique aussi bien à la politique menée par Adenauer à l'égard de l'Ouest qu'à la politique, pratiquée par Willy Brandt à l'égard de l'Est. Pour mettre cette dernière en œuvre, le nouveau gouvernement socio-libéral de l'Etat de Bonn, devenu souverain dans l'intégration occidentale, obtint le „feu vert" de la part des puissances occidentales, à la fin de l'année 1969, même si ce n'était pas du tout avoir „les mains complètement libres"[73]. De façon étonnamment rapide, certes pour ceux qui critiquaient la nouvelle Ostpolitik, avec une précipitation irresponsable, on en vint, dès le 12 août 1970, à signer le Traité de Moscou. Sans être un traité de paix, il convenait d'une renonciation à la force et établissait l'inviolabilité des frontières existant en Europe. Ces accords avaient pour but de normaliser les relations entre la République Fédérale d'Allemagne et l'Union Soviétique, et n'étaient pas incompatibles avec l'objectif qui consistait à „produire des conditions de paix en Europe dans lesquelles le peuple allemand, avec une libre auto-détermination, retrouverait son unité". Ce fait fut en outre constaté expressément dans une „Lettre pour l'unité allemande" adressée par le gouvernement de Bonn au camp soviétique.

Peu de temps après cela, suivait bientôt le Traité de Varsovie, signé le 7 décembre 1970. Pour ce qui est de la question problématique de la frontière qui, au grand effroi de la Pologne, même si, en définitive, ce fut au bénéfice de Varsovie, avait été négociée à Moscou entre Bahr et Gromyko, les Allemands, parce que cette fois l'Ostpolitik était aussi, manifestement dans une large mesure, une politique à l'égard de l'Ouest, les Allemands, donc, se montrèrent même encore plus disposés à faire des concessions que cela avait été le cas vis-à-vis des Soviétiques. En effet, la reconnaissance du statu quo territorial passait formellement avant l'engagement de renoncer à la force. Un traité de normalisation fut de nouveau conclu; avec une corrélation entre la reconnaissance des frontières et la défense des droits de l'homme, il acquérait un élément dynamique qui indiquait la voie de l'avenir. Mais précisément dans ce contexte politique, la politique étrangère de la République Fédérale d'Allemagne était enchaînée de façon très spécifique par les jugements du tribunal constitutionnel suprême de la RFA des années 1973 et 1975: jusqu'à la conclusion d'un traité de paix, il fallait partir du maintien du Reich incluant les territoires de l'Est, situés de l'autre côté de l'Oder et de la Neisse. Pour cette raison, la reconnaissance de la frontière occidentale de la Pologne ne pouvait avoir lieu que pour l'Etat de Bonn et s'accompagnait d'une restriction qui était exprimée aussi dans le Traité de Varsovie. En d'autres termes: la tâche incombait ainsi à la politique étrangère ouest-allemande de maintenir et révoquer uno actu la clause restrictive du traité de paix; mais cela ressemblait et ressemble pratiquement à la quadrature du cercle, dont la complexité ne pouvait s'atténuer et se résoudre qu'au fur et à mesure que le temps avançait.

Le fait que soit signé, le 3 septembre 1971, l'accord des quatre puissances concernant Berlin était certes un sujet de la politique étrangère ouest-allemande qui n'était qu'indirectement lié, mais par une relation de cause à effet, au processus général de la normalisation entre l'Ouest et l'Est.

Le gouvernement de la République Fédérale avait subordonné à la réalisation de cet accord la ratification encore en suspens des traités avec l'Est. Sans présenter une solution, on parvenait toutefois à régler le problème de Berlin: un modus vivendi, sur la base d'une renonciation générale à la force et de droits alliés restrictifs, apportait une amélioration pratique de la situation sans pour autant rendre pire le statu quo défavorable, donc limité à Berlin-Ouest, qui existait depuis 1961. Ces négociations autour du problème de Berlin, il est vrai, n'étaient pas seulement associées, dans une jonction, tout à fait caractéristique, des intérêts allemands et soviétiques, à la ratification du Traité de Moscou, par conséquent aux relations entre la République Fédérale d'Allemagne et l'Union Soviétique. Au contraire, bien plus loin que cela, ces négociations avaient aussi quelque chose à voir avec les pourparlers américano-soviétiques pour le contrôle des armements, de même qu'avec la diplomatie au sommet du président américain Nixon et du secrétaire général soviétique Brejnev: d'une façon spécifique, l'ancienne capitale du Reich reliait les uns aux autres „question allemande" et grande politique, les arrangements destinés à régler l'héritage de la Seconde Guerre mondiale, et les efforts pour empêcher une Troisième Guerre mondiale. Comme auparavant, le problème de Berlin était l'affaire des Alliés à laquelle les Allemands pouvaient seulement contribuer et que, cependant, ils ne pouvaient diriger. Et comme en outre, de toute évidence, ils ne pouvaient pratiquer de politique relative à l'Allemagne sans politique de détente, les puissances occidentales étaient justement tout à fait en mesure de poursuivre une politique de détente sans politique relative à l'Allemagne.

Les traités avec Moscou et Varsovie, qui, dans le domaine de la politique intérieure, avaient été contestés si violemment jusqu'en dernier lieu, furent approuvés par la diète fédérale allemande le 17 mai 1972. Leur ratification, dont l'insuccès aurait menacé l'Etat de Bonn d'un dangereux isolement, fut rendue possible parce que l'opposition de la CDU/CSU, par une abstention de la plupart de ses membres, s'était comportée de façon constructive en matière de politique étrangère. En même temps que cela, la voie était aussi préparée pour parvenir à faire du „traité sur la circulation" signé le 26 mai 1972, entre la République Fédérale d'Allemagne et la République Démocratique Allemande, le „traité fondamental" entre les deux Etats allemands, cela le 21 décembre de la même année. Sans préjudice des diverses interprétations juridiques quant à la situation du problème allemand dans son ensemble, les relations réciproques mentionnées dans ce traité furent établies à partir de la renonciation à la force et les rapports interétatiques en vertu des principes de la Charte de l'ONU, sans que le résultat ne devienne un traité de partition. Il est vrai que le caractère particulier de ces relations interallemandes, ainsi normalisées, se traduisait dans le fait que Bonn et Berlin-Est, conformément à la volonté de la République Fédérale, n'accréditèrent pas d'ambassadeurs, mais au contraire, elles confièrent la défense de leurs intérêts à des représentations permanentes. Dans le problème de nationalité, étroitement associé à tout cela, et qui demeurait irrésolu, et dans la „Lettre pour l'unité allemande" que le gouvernement fédéral avait adressée à la RDA, en rapport avec le „traité fondamental", on peut clairement percevoir les limites qui continuaient à entraver un règlement global de la question des relations interallemandes.

En tant qu'ensemble politique, les traités, en bloc, indiquaient une normalisation dans les relations de la République Fédérale d'Allemagne vis-à-vis de l'Est: ils octroyaient en outre à la démocratie de Bonn une nouvelle marge de manœuvre en matière de politique étrangère. Constituée en quelque sorte de deux éléments complémentaires, la raison d'Etat du pays se définissait comme la somme suivante: „intégration à l'Ouest plus relations avec l'Est"[74]. Cet „acquêt" de possibilités supplémentaires pour la politique étrangère fut obtenu grâce à la détente qui règnait entre les puissances mondiales. Toutefois, cela ne dura pas longtemps, jusqu'à ce que la marche tellement intrépide du gouvernement de Bonn rencontre des obstacles tout à fait naturels. L'intention de Willy Brandt de „permettre à l'Allemagne d'être plus sur un pied d'égalité (avec les autres Etats)"[75] grâce aux traités signés avec l'Est, sa tentative de ne plus consulter Washington en premier lieu, mais au contraire de seulement l'informer, son objectif du „bilatéralisme limité"[76] avec l'Union Soviétique, qui parut au grand jour, de façon aussi prétentieuse qu'inquiétante, lors de sa rencontre avec Brejnev à Oreanda pendant le mois de septembre 1971, et le risque, en pratiquant la politique interallemande, s'il se pouvait que les conférences au sommet d'Erfurt et de Kassel, en mars et mai 1970, se déroule sans avoir de suites, de provoquer des „déséquilibres en Europe"[77], tous ces éléments n'irritèrent pas seulement la France et la Grande-Bretagne mais aussi, surtout, les Etats-Unis. Lorsque, par la suite, au nouvel an 1973/74, le „cas de conflit"[78] menaçait et que la RDA gênait constamment le trafic de transit, le contact direct entre Brandt et Brejnev manqua.

Qui était l'ennemi et l'ami, se révélait tout d'un coup, aussi incontestablement que la réalité des véritables rapports de force; en fin de compte, le chancelier fédéral dut demander au président américain d'exercer une influence sur Moscou pour amener à la raison la RDA obstinée. Le meilleur expert sur le sujet de notre étude résume, par conséquent, parfaitement cette situation de la façon suivante[79]: „Le chancelier fédéral Brandt, vers la fin de son temps de gouvernement, dut faire l'expérience du fait que la nouvelle Ostpolitik n'avait rien changé à la réalité fondamentale, que la sécurité de Berlin-Ouest et de la République Fédérale d'Allemagne ne pouvait être garantie que par les Alliés occidentaux".

Ainsi, comme auparavant, les règles du système qui régissait les rapports entre les

Etats, remontant à 1948, étaient toujours en vigueur; comme auparavant, également, la loi du mouvement qui gouvernait la politique étrangère ouest-allemande faisait parfaitement autorité pour l'Ostpolitik de Bonn. Selon cette loi, si l'on voulait éviter tout danger pour l'existence, l'escorte occidentale sous commandement américain s'avérait indispensable pour toutes les excursions allemandes en terrain inconnu; et comme auparavant, la souveraineté et la liberté de la jeune République demeuraient liées aux attaches solides qui existaient depuis les débuts de la RFA pour sa propre protection et celle des autres.

Ces réalités intangibles fixaient même, au fond, une limite pratiquement infranchissable à toutes les expériences pleines d'idées et aux plans architectoniques établis pour régler le problème de la paix en Europe centrale et qui étaient conçus avec autant de perspicacité qu'ils produisaient assez souvent de l'effet avec subtilité.

Egon Bahr surtout, „penseur" patriotique qui élaborait la politique social-démocrate à l'égard de l'Est et de l'Allemagne, reprenait à présent ces considérations qui persistaient depuis les années soixante. Sans renoncer sérieusement à l'échelle du monde des valeurs occidental ni à l'engagement envers celui-ci, il contribuait ainsi au fait que des doutes sans cesse plus forts soient apparus quant à ce que les Allemands voulaient en réalité. Si ces „exercices" restaient dans une large mesure des projets sur la planche à dessin, leur caractère purement indicatif, compliqué, ne contribuait toutefois pas précisément avec utilité à répondre de façon satisfaisante aux questions inquiètes sur la situation présente et future du règlement de la paix en Europe centrale et sur un pacte de défense occidental. Toutefois, dans un tel contexte historique de la politique étrangère ouest-allemande, il ne faut surtout pas négliger ce fait: assez souvent, plus éloigné de pareils exercices quant à la politique relative à l'Est et à l'Allemagne, combinés avec beaucoup d'astuce, aussi ingénieusement qu'artificiellement, que vraiment en parallèle avec eux, ces exercices vis-à-vis desquels le successeur de Brandt dans la fonction de chancelier, Helmut Schmidt, conservait manifestement ses distances, le courant orienté vers l'Ouest, qui ne s'était jamais interrompu, constitué par le déplacement de réfugiés et d'émigrés allemands, aussi bien en provenance d'Europe orientale et centrale-orientale que de RDA, connaissait un développement à l'ampleur historique. Ce courant définit une tendance fondamentale de l'histoire allemande et européenne, qui persiste depuis la phase terminale de la Seconde Guerre mondiale jusqu'à nos jours.

Réellement et sans relâche, il représente une décision des hommes en faveur de la liberté: sa force magnétique, fondement de la plupart des conceptions occidentales de la politique relative à l'Est et à l'Allemagne qui se distinguent tout à fait les unes des autres par les principes ou par des détails, n'a jamais cessé de s'exercer jusqu'à l'heure actuelle.

Les traités signés avec l'Est, qui avaient préparé le terrain pour l'entrée à l'ONU des deux Etats allemands le 18 septembre 1973 et qui, après le franchissement de l'obstacle particulièrement embarrassant du problème tchécoslovaque, aboutirent rapidement, à la fin de cette même année, à l'établissement de relations diplomatiques entre Bonn et tous les Etats d'Europe orientale et centrale-orientale, si l'on fait abstraction de l'Albanie, ces traités, donc, marquaient, selon la façon soviétique de considérer les choses, le point d'arrivée, et selon la conviction occidentale, en revanche, le point de départ d'une évolution. Ces conceptions — qui rivalisaient l'une avec l'autre en une concurrence pacifique – de tous les arrangements Est-Ouest depuis l'époque de la détente, se concentrèrent en fin de compte dans le „dernier acte" signé le 1er août 1975 à Helsinki, lors de la „Conférence pour la Sécurité et la Coopération en Europe" (CSCE) qui tenait ses assises avec la participation des Etats-Unis d'Amérique et du Canada. Selon l'opinion des Soviétiques, elle tenait lieu de traité de paix; selon l'estimation de l'Ouest qui était fortement confortée dans son appréciation par la politique étrangère de la République Fédérale d'Allemagne, cette conférence représentait en revanche un modus vivendi.

Les Soviétiques voyaient dans ce non-recours à la force, confirmé par écrit, une reconnaissance automatique des frontières de l'après-guerre et la garantie du statu quo territorial en Europe. Par contre, l'Ouest et la République Fédérale d'Allemagne avaient confiance dans l'élément de la dynamique qui se dégageait de la „coopération dans des domaines humanitaires et autres" dont ils avaient convenu: dans l'échange d'idées et les contacts humains, ils apercevaient une chance réelle de mener à bien la mutation pacifique de la situation existante. Droit positif résultant d'un traité et puissance immense d'une part, l'ambassade des droits de l'homme et la force missionnaire de la liberté d'autre part, atteignaient dès à présent un nouveau stade déterminé de leur concurrence qui, comme toujours dans l'histoire lorsqu'il s'agit d'une opposition entre ordre et idée, entre immobilisme et changement, entre pouvoir et morale, décidera de la persistance et de la mutation du système de 1948 qui régit les relations entre Etats.

Toutefois, la vague si forte de la détente s'apaisait à présent, peu à peu. Cette évolution entraînait, pour la politique étrangère de Bonn, des tensions accrues avec les Etats-Unis d'Amérique, parce que la République Fédérale d'Allemagne se tenait ferme au cap de la détente, tellement avantageux pour elle, sans vouloir admettre, pour l'instant, que son bateau s'était alors échoué sur le sable sec. Selon l'avis critique des Américains, Willy Brandt semblait certes déjà, non seulement posséder l'ambition d'être „l'Adenauer de l'Ostpolitik"[80], mais encore, comme cela lui fut attribué à tort, de vouloir aussi devenir le „Washington de l'Europe"[81].

Mais précisément dans la mesure où il réussit à réaliser le premier objectif cité, parce que les Américains et l'Ouest l'y encourageaient jusqu'à un certain point, sa tentative de se présenter face aux Américains comme porte-parole de l'Europe échoua, parce que cela était ressenti comme n'étant plus adéquat.

Le passage de la détente à la confrontation des puissances mondiales – confrontation qui s'aggrava durablement pour devenir, dans le panorama du monde des Etats, une profonde désunion des grands à la suite de l'invasion soviétique en Afghanistan à la fin de l'année 1979 – soulevait à nouveau et de façon encore plus incisive un problème brûlant pour le chancelier fédéral Helmut Schmidt. Cette question épineuse était au centre des préoccupations, quant à la politique étrangère ouest-allemande, depuis l'époque de la guerre au Proche-Orient de 1973, et consistait à déterminer la possibilité ou l'impossibilité d'une divisibilité ou indivisibilité de la politique de détente: le successeur de Brandt ne serait-il pas pour un peu trop fortement contraint à devoir ajuster, de nouveau, la politique étrangère de Bonn en fonction de la stratégie américaine, ou bien pourrait-il, en demeurant à une distance raisonnablement limitée, maintenir cette relation devenue entretemps si étroite?

A présent, aussi bien dans le domaine de la politique intérieure qu'en matière de politique extérieure, avec Helmut Schmidt à la chancellerie, apparaissait, à la place de l'action de grande envergure, la sérieuse consolidation de ce qui était établi: Sauver les réserves menacées en pratiquant, pour ainsi dire sans cesser, un management de crise, indique, dans le contexte historique spécifique de l'époque, une productivité prévisionnelle probablement pas assez élevée – cela peut convenir encore nettement moins à l'interprétation donnée dans les livres d'histoire qu'à la copie des décisions déterminantes pour l'évolution future, prises par les chanceliers fédéraux tels que Konrad Adenauer et Willy Brandt. Le chef du gouvernement écartait simplement ces jeux d'idées, dont il se moquait, qui élaboraient des systèmes visant à préserver la sécurité européenne, et pour sa part, à ce propos, il préconisait une communauté de défense ouest-européenne. Au centre de son existence à la dimension atlantique, dominait le concept de l'équilibre qui devait faire autorité globalement en Europe pour tous les domaines, qu'il s'agisse d'économie ou de relations interétatiques, mais aussi, et non en dernier lieu, du militaire. Aussi convaincu qu'il fût de la nécessité d'un équilibre au sein de la communauté ouest-européenne, il ne s'octroyait aucune illusion quant au fait que, sans une puissance antagoniste suffisante du côté occidental, les accords conclus avec l'Est ne valussent rien: „La politique de détente sans l'équilibre est une soumission"[82], affirma le chancelier fédéral, le 18 mars 1980, lors d'une séance du groupe parlementaire SPD, à ses compagnons qui se détournaient de plus en plus nettement d'une orientation ainsi définie du réalisme en matière de politique étrangère et qui nageaient dans le sens du courant pacifiste de l'époque, dont „l'oubli de la puissance"[83] faisait naître dans les pays étrangers occidentaux la peur d'une „auto-finlandisation" des Allemands de l'Ouest.

Mais en plus des efforts du chancelier en matière de politique de l'armement pour trouver une compensation adéquate à la prépondérance soviétique dans le domaine des missiles de portée intermédiaire dirigés vers l'Europe, la politique étrangère d'Helmut Schmidt devait faire ses preuves surtout en ce qui concerne les relations économiques avec l'étranger. Précisément durant ces années, il apparut encore plus clairement qu'au cours des décennies précédentes, combien l'existence et la stabilité de la République Fédérale d'Allemagne dépendaient étroitement et directement du contexte de l'économie mondiale, et combien des éléments économiques, par conséquent, marquaient de façon déterminante la politique étrangère ouest-allemande. En effet, durant la seconde moitié des années soixante-dix, il était parfaitement manifeste que le monde traversait une crise économique chronique. Le scénario des inquiétudes du chancelier consistait donc, au fond, nettement moins en une agression soviétique, contre laquelle il fallait assurément s'armer, plutôt qu'en une radicalisation des failles de l'économie mondiale, qui enlèverait à l'Allemagne, tributaire de ses exportations, les marchés qui lui étaient essentiels.

Dans une optique à la fois préventive et curative, il œuvrait avec succès contre ce danger au cours de la diplomatie des sommets de son époque sur l'économie mondiale et compensait en un jeu éprouvé avec la France de Giscard d'Estaing, au moins partiellement, les indéniables faiblesses des Américains en matière de gestion et d'économie. Dans le sens d'un gaullisme régénéré, l'„entente élémentaire"[84] avec Paris définissait également pour lui le fondement de sa politique extérieure, et surtout de sa politique relative à l'Europe: sans, il est vrai, pouvoir l'atteindre ni même le dépasser, le partenaire français de l'entente s'approchait du rang des Américains.

En fin de compte, même si on restait toutefois solidaire et même si l'Allemagne demeurait tout particulièrement dépendante de la protection américaine, l'Etat de Bonn était néanmoins, selon l'opinion d'Helmut Schmidt, encore „beaucoup plus vulnérable que le Reich de Bismarck"[85]. Le chancelier atteignit l'apogée de son activité de „crisis management" global et constant sans aucun doute lors de sa participation au „sommet des quatre" de la Guadeloupe, les 5 et 6 janvier 1979, quand, avec les représentants des Etats-Unis d'Amérique, de la Grande-Bretagne et de la France, en „une sorte de directoire occidental"[86], il aborda la situation de la politique mondiale.

Contrairement à Willy Brandt, Helmut Schmidt ne croyait pas au fait que le secrétaire général soviétique Brejnev „tremble (vraiment) pour la paix"[87]. Car ce dernier avait utilisé, sans aucun scrupule, la faveur de la détente pour son propre avantage en matière d'armement, et avait, entre-temps, armé son pays littéralement jusqu'aux dents, de telle sorte que la société soviétique était à présent pratiquement menacée d'asphyxie économique sous les blindés militaires de son propre armement. Par conséquent, le chancelier demandait avec obstination l'organisation d'une puissance antagoniste contrôlée, parce que la République Fédérale était directement, et à un degré exceptionnel, menacée par la prépondérance soviétique dans le domaine des missiles de portée intermédiaire. Il est vrai qu'en définitive, lui qui, en Guadeloupe, se montrait le plus préoccupé de tous, se révélait le moins disposé à consentir des concessions ouest-allemandes qui auraient soumis son pays à un effort excessif ou singulier. Les concessions en question signifiaient que la République Fédérale soit disposée à accepter le stationnement, sur son territoire, des systèmes d'armes correspondants. Le compromis résultant de ces délibérations prépara l'accord nécessaire à l'adoption, le 12 décembre 1979, de la double résolution de l'OTAN, par laquelle la décision d'élargir le potentiel militaire était couplée, de façon caractéristique, à la disposition à entamer des négociations. Ce n'était pas non plus le résultat le moins important du dialogue germano-américain qui, désormais, se détériorait de plus en plus et qui, en juin 1980, lors du sommet de Venise sur l'économie mondiale, tourna à la violente dispute entre Carter et Schmidt.

En ce qui concerne l'Ostpolitik européenne de la République Fédérale, Schmidt cherchait à mettre à profit une „fonction (allemande) de pont"[88] vers l'Europe centrale orientale, surtout vis-à-vis de la Pologne. Que ce dessein lui soit adapté ou non, il devait figurer dans le cadre de l'Ostpolitik de l'Ouest. Les Américains, mais aussi les Français et les Britanniques, avec leurs objectifs, respectivement indépendants, d'une Ostpolitik nationale, ne lui permirent simplement pas davantage, bien que, non sans considérer la situation spéciale, précaire, de millions d'Allemands vivant dans la zone sous domination soviétique, il ait tenté de revendiquer plus. Luttant, au fond, depuis longtemps contre le courant de la politique mondiale, il essaya de conserver de la politique de la détente ce qu'il était juste encore possible. En effet, seule l'existence de cette politique procurait la latitude nécessaire pour, au-delà de la donnée de la situation ouest-allemande de frontière, mettre à profit les possibilités de cette position traditionnellement centrale des Allemands qui, depuis l'époque du ministre des Affaires étrangères Schröder et du chancelier fédéral Kiesinger, était redevenue un thème de la politique étrangère ouest-allemande — évidemment pas de cette qualité originale comme du temps de Stresemann, mais plutôt dans un sens littéralement issu de l'intégration occidentale et avant tout en rapport étroit avec la France. Cette façon de procéder n'était d'ailleurs pas sans lier la France à la République Fédérale et la détourner d'une alliance avec l'Union Soviétique.

En ce qui concerne la politique d'intégration ouest-européenne, le chancelier fédéral accordait tout à fait clairement la préférence à l'entretien de la relation bilatérale franco-allemande. Le fait qu'en revanche, il considérât l'intégration européenne plutôt avec un „regard critique"[89] ne signifiait, au demeurant, en aucune façon que, dans des cas particuliers, si l'Europe se trouvait en difficulté et qu'elle ait besoin de l'aide allemande, il n'aurait pas accouru pour prêter main-forte. La création du système monétaire européen (SME), par exemple, qui fut décidée en commun, les 14 et 15 septembre 1978, par le président de l'Etat français Giscard d'Estaing et le chancelier fédéral Helmut Schmidt, et adoptée au mois de décembre suivant par le

Conseil européen à Bruxelles, entraîna en ce sens un progrès considérable sur la voie de l'intégration européenne.

En règle générale, le ministère des Affaires étrangères se soumettait à des efforts pour l'instant tellement pleins d'abnégation pour, en des progrès qu'il n'était pas du tout aisé de percevoir, ouvrir la voie, à travers les fourrés des réserves nationales et des institutions supranationales, de l'„Union européenne" qui était depuis 1972 l'objectif visé. A partir de la „Coopération politique européenne" (CPE) créée en 1970, qui prévoyait une coordination progressive des Etats de la Communauté européenne (CE), dans le domaine de la politique étrangère, jusqu'à l'„initiative Genscher-Colombo" de 1981 qui envisageait de façon assez détaillée un développement ultérieur de la „Communauté européenne" et de la „Coopération politique européenne" pour aboutir à l'„Union européenne", une continuité de la politique ouest-allemande relative à l'Europe et à l'intégration peut ainsi être observée: dans un contraste complémentaire par rapport au bilatérisme franco-allemand, elle intensifiait la coopération multilatérale entre les Etats qui appartenaient à la „Communauté européenne". En outre, la République Fédérale d'Allemagne qui entre-temps était devenue adulte politiquement et prospère économiquement, devait sans cesse davantage faire face à des défis tout à fait nouveaux, accorder son attention au problème nord-sud et, en relation avec cela, assumer dans un cadre global la responsabilité économique.

Conjointement avec les Etats-Unis d'Amérique, le chancelier Schmidt prenait fait et cause de la façon la plus énergique pour la liberté du commerce international face aux revendications dirigistes du tiers-monde et simultanément, apportait son concours pour favoriser un comportement pacifique entre les pays industrialisés et les pays en voie de développement, dans le sens de l'accord conclu le 28 février 1975 à Lomé. Somme toute, le principe pragmatique qui consistait à donner et recevoir déterminait sa politique étrangère dominée par la sobriété et le réalisme. Elle conservait clairement ses distances vis-à-vis des espoirs excessifs et de l'idéalisme exalté qui caractérisaient, à cette époque, certains traits figurant dans le profil de la politique de propagande intellectuelle en République Fédérale d'Allemagne quant aux Affaires étrangères, politique qui entre-temps avait pris de l'importance. Tous ces problèmes furent au fond superposés dans la question qui déterminait tout: particulièrement après le changement à la présidence des Etats-Unis où Reagan avait succédé à Carter en janvier 1981, semblerait-il encore possible d'emprunter plus avant une voie indépendante allemande et européenne de détente?

La dernière tentative qui, à maints égards, n'était déjà plus sans poser des problèmes, pour „sauver les vestiges de la politique de détente en Allemagne et en Europe"[90], échoua lorsque Helmut Schmidt rencontra le secrétaire général Erich Honecker, entre les 11 et 13 décembre 1981, sur les bords du lac Werbellin en Uckermark. Bien que le dernier jour de cet entretien, la loi martiale fut proclamée en Pologne, le chancelier n'interrompit pas le séjour est-allemand: l'isolement à l'Ouest, en matière de politique étrangère, menaçait la République Fédérale si elle continuait à adopter un comportement anticyclique vis-à-vis de la politique mondiale. L'attitude envers les Etats-Unis d'Amérique, qui exigeaient qu'on les suive, se durcit jusqu'à aboutir au conflit manifeste. A côté des causes, qui résidaient dans la politique de parti et dans la politique économique et qui provoquèrent la fin du gouvernement d'Helmut Schmidt, des motifs relevant de la politique étrangère, également susceptibles d'être tout à fait déterminants pour le changement de chancelier en faveur d'Helmut Kohl, le 1er octobre 1982, sont assez souvent demeurés plutôt dans l'ombre. Mais sans aucun doute, il ne fallait pas continuer plus longtemps à négliger la nécessité d'entretenir les relations américano-allemandes qui se trouvaient fâcheusement affectées, il était aussi nécessaire de provoquer un „tournant" pour pouvoir poursuivre aussi dans l'avenir ce qui était considéré avoir donné de bons résultats. Comme auparavant, les relations interallemandes et est-européano-allemandes dépendaient et dépendent, de façon déterminante, de la situation „météorologique" générale; comme auparavant, la politique relative à l'Est demeurait et demeure ainsi subordonnée à la politique relative à l'Ouest; et comme auparavant, la souveraineté de la République Fédérale d'Allemagne se trouvait et se trouve établie dans son intégration atlantico-européenne.

C'est en ce sens que le „provisoire définitif"[91] de Bonn trouve son „autonomie dans l'engagement"[92], comme Egon Bahr l'a précisément décrit par la loi du mouvement quant à la politique extérieure ouest-allemande, qui fit autorité de Konrad Adenauer à Helmut Schmidt. La politique relative à l'Ouest donne la mesure et l'objectif et lui accorde l'équilibre indispensable, de même que la puissance antagoniste, pour mener l'Ostpolitik. L'intégration protège contre la tentation de la neutralité et de l'absence d'engagement, contre ce que le grand romaniste Ernst Robert Curtius, durant l'entre-deux-guerres, avait caractérisé comme étant la personnalité „sans contours, que l'on ne peut cerner, indéfinissable"[93] des Allemands. Bien entendu, toutes ces caractéristiques de „l'esprit allemand"[94] et de la politique allemande, parce qu'ils provenaient de plusieurs siècles d'histoire allemande, empreignaient aussi l'évolution de la République Fédérale — jusqu'à présent, il est vrai, plutôt en tant qu'alternatives marginales face à la tendance dominante de sa politique étrangère qui prenait une nouvelle allure révolutionnaire.

Précisément par le fait que l'intégration globale ait institué une souveraineté limitée, elle protège contre une puissance unique et évite qu'elle dépasse sa propre force et celle des autres. Sinon, un mouvement incontrôlé pourrait facilement conduire à mettre en péril la liberté et la paix pour l'unité d'une nation. La loi ainsi abrogée de ses priorités en matière de politique étrangère n'a jamais été mésestimée par aucun des gouvernements de la République Fédérale d'Allemagne, comme la politique extérieure du pays était poursuivie selon une optique différente, même dans les détails, et cette politique trouvait, malgré cela, sa parfaite analogie dans la volonté des Allemands de réaliser une solidarité nationale.

Le fait de marcher sur une telle voie exigeait de longs efforts et une persévérance obstinée, jusqu'à ce qu'enfin, l'on soit parvenu tout près de ce but lointain, cela n'était déjà que trop évident pour Konrad Adenauer quand il se demandait, sceptique, si ses compatriotes seraient vraiment capables de conserver ces vertus. C'est la raison pour laquelle, à la politique étrangère ouest-allemande, il ne pouvait absolument pas en être autrement, reste attachée pendant quatre décennies, l'image très spécifique d'une statue fragmentaire qui fait partie de sa normalité. Chacune des prévisions, apparemment étayées par l'histoire, qui postulaient la partition comme loi dominante de l'histoire allemande depuis la fin du Moyen-Age jusqu'à aujourd'hui, et qui prétendaient rendre le provisoire définitif, se révélèrent prématurées, en tout cas jusqu'ici. Demeuraient, il est vrai, tout aussi injustifiées, également les espérances selon lesquelles un peuple ne pourrait plus retomber derrière ce type historiquement marquant d'Etat national, réalisé tardivement, avec difficulté, et ensuite perdu au jeu de façon criminelle, dans une Europe dont le caractère européen est défini par l'existence des nations qui la composent. Avoir préservé, pour sa part, la clarté spécifique d'une situation historique indique sans nul doute une performance de la politique extérieure ouest-allemande, qu'il ne faut absolument pas sous-estimer: son résultat difficile à obtenir et facile à dédaigner, s'est trouvé, en plus de l'action audacieuse, par conséquent, non pas rarement mais plutôt assez souvent, face à des empêchements continuels. En effet, le problème principal des Allemands ne pouvait et ne peut être maintenant résolu par leurs propres moyens, parce qu'une réponse à la „question allemande" demeurait et demeure liée à la victoire, qui progresse avec elle, de la partition de l'Europe et à l'équilibre des grandes puissances nécessaire à cela.

Sans elles, à côté d'elles ou même contre elles, risquer l'impossible devrait se terminer en catastrophe, telle est la conviction exprimée jusqu'ici de tous les gouvernements de l'Etat de Bonn. Ayant conscience de son extrême vulnérabilité, la politique étrangère de la République Fédérale d'Allemagne s'est donc adaptée avec sagesse, à chaque fois, aux cycles de la politique mondiale pour éviter un isolement anticyclique, dans une tendance alternative, s'intéressant tantôt à la politique relative à l'Ouest, tantôt à la politique relative à l'Est. Le fait que dans ce procédé, presque naturellement, des omissions et des fautes aient été commises, qui se sont attirées les reproches de l'„oubli de la puissance"[95] ou de la „nouvelle mégalomanie"[96], se comprend parfaitement. Et elles ne doivent en aucun cas être négligées, si l'on évalue au total, la prudente sagesse qui a marqué la politique extérieure de la jeune République. Mais avec certitude, l'Etat de Bonn représente beaucoup plus qu'une „association de consommateurs blindée" (Rudolf Augstein), même si elle ne représente certainement pas une „puissance mondiale", pas même une telle puissance „contre son gré"[97].

Si des normes inédites de provenance économique prennent une signification manifeste, on n'a encore absolument pas décidé si le caractère traditionnel du national et de l'international était supprimé de façon décisive. Ni les puces électroniques ni les soldats seuls, ni Mars ni Mercure ne gouvernent en effet jusqu'ici le monde, ils sont bien plus subordonnés à l'autorité du domaine politique, respectivement de façon tout à fait spécifique. Et même si la nature de celui-ci est en perpétuelle mutation, dans l'alliage qui le constitue, on ne peut méconnaître au-delà du nouveau, l'ancien. La force, qui continue à agir puissamment, des quantités, accumulées au cours des siècles, de politique du pouvoir nationale et internationale, doit précisément prendre en considération une communauté telle que la République Fédérale d'Allemagne, excitante par sa modernité et donc, justement, de santé fragile. Cette force doit considérer ces éléments, au moins tant que „la nouvelle réalité de l'interdépendance à l'échelle mondiale"[98], favorisée résolument par elle-même, doit encore lutter contre la concurrence de la tradition. Jusqu'à nos jours, la politique étrangère de la République Fédérale d'Allemagne a tenu compte de ces exigences hétérogènes de la politique mondiale, avec prudence; elle a ainsi montré son coup d'œil quant à l'évaluation de ses possibilités et de ses limites, et elle a toujours préféré opérer plutôt avec précaution que de façon risquée. Précisément parce que l'Etat de Bonn devait agir pour les Allemands qui vivaient privés de liberté et ne pouvait perdre de vue l'objectif de la cohésion nationale — que ce soit dans le sens de la réunification traditionnelle sous les auspices de l'Occident, que ce soit dans le cadre supranational de l'Europe, que ce soit sous la forme d'une autodétermination pour les compatriotes de l'autre partie de la nation divisée, ou même dans des rapports déjà connus ou non encore découverts, quels qu'ils soient — la République Fédérale d'Allemagne a constamment fait attention à ce que ses priorités politiques et intellectuelles, ses priorités militaires, économiques et culturelles se situent à l'Ouest.

# Anmerkungen:

[1] Werner LINK, Die Außenpolitik und internationale Einordnung der Bundesrepublik Deutschland, in: Werner WEIDENFELD/Hartmut ZIMMERMANN (Hrsg.), Deutschland-Handbuch. Eine doppelte Bilanz 1949–1989, Bonn 1989, S. 571.

[2] Rüdiger ALTMANN, Der Verdacht, ein Staat zu sein, in: Zensuren nach 20 Jahren Bundesrepublik, erteilt von Rüdiger Altmann u. a., Köln 1969, S. 11.

[3] Konrad Adenauers Äußerung vom Januar 1949 wird zitiert nach Hans-Peter SCHWARZ, Die Ära Adenauer. Gründerjahre der Republik 1949–1957, Stuttgart/Wiesbaden 1981, S. 56.

[4] US Department of State (Ed.), Germany 1947–1949. The Story in Documents, Washington 1950, S. 23.

[5] Verhandlungen des Parlamentarischen Rates. Stenographischer Bericht. Sitzung 1–12. 1948/49, Bonn 1949, S. 210: Theodor Heuss am 8. Mai 1949 in der 10. Sitzung (Neudruck 1969).

[6] Friedrich MEINECKE, Die deutsche Katastrophe. Betrachtungen und Erinnerungen, Wiesbaden 1946.

[7] Zitiert nach Herbert KREMP, Wir brauchen unsere Geschichte. Nachdenken über Deutschland, Berlin/Frankfurt/Main 1988, S. 151.

[8] Konrad ADENAUER, Erinnerungen 1953–1955, Stuttgart 1965 (Band 2), S. 265.

[9] Zitiert nach Hans-Peter SCHWARZ, Vom Reich zur Bundesrepublik Deutschland im Widerstreit der außenpolitischen Konzeptionen in den Jahren der Besatzungsherrschaft 1945–1949, Neuwied/Berlin 1966, S. 144 (2. erw. Aufl. 1980).

[10] Aufmerksam gemacht hat auf diese frühe Absicherung der Westbindung erstmals Werner LINK, Der Marshall-Plan und Deutschland, in: Aus Politik und Zeitgeschichte. Beilage zur Wochenzeitung Das Parlament B50/80 vom 13. 12. 1980, S. 10.

[11] Verhandlungen des Deutschen Bundestages,

1. Wahlperiode 1949. Stenographische Berichte. 13. Sitzung vom 21. 10. 1949, S. 315.

[12] Zitiert nach Christian HACKE, Weltmacht wider Willen. Die Außenpolitik der Bundesrepublik Deutschland, Stuttgart 1988, S. 49.

[13] Raymond ARON, Die letzten Jahre des Jahrhunderts, Stuttgart 1986, S. 164.

[14] Wilhelm RÖPKE, Die deutsche Frage, Erlenbach 1945, S. 248 f.

[15] Zu dem von dem preußischen Gesandten in Paris von der Goltz im Hinblick auf den Norddeutschen Bund geprägten Ausdruck vgl. Theodor SCHIEDER, Die Mittleren Staaten im System der Großen Mächte, in: Historische Zeitschrift 232 (1981), S. 596.

[16] Christian HACKE (Hrsg.), Jakob Kaiser. Wir haben Brücke zu sein. Reden, Äußerungen und Aufsätze zur Deutschlandpolitik, Köln 1988, S. 90: Dokument 6.

[17] Dirk BAVENDAMM, Bonn unter Brandt. Machtwechsel oder Zeitenwende, Wien/München/Zürich 1971, S. 56: Äußerung von Sebastian Haffner.

[18] Zitiert nach Joachim FEST, Die deutsche Frage: Das offene Dilemma, in: Wolfgang JÄGER/Werner LINK, Republik im Wandel 1974–1982. Die Ära Schmidt, Stuttgart/Mannheim 1987, S. 442.

[19] Willy BRANDT, Begegnungen und Einsichten. Die Jahre 1960–1975, Hamburg 1976, S. 84.

[20] Zitiert nach Hans-Peter SCHWARZ, Adenauer. Der Aufstieg: 1876–1952, Stuttgart 1986, S. 841.

[21] Ebd., S. 465 f.

[22] Zitiert nach FEST, Deutsche Frage, S. 437: Äußerung Konrad Adenauers.

[23] Shakespeare, Hamlet. 1. Akt, 3. Szene, in: Nicolaus von DELIUS (Hrsg.): Shakespeare's Werke. II. Band, Carlshorst-Berlin o. J.

[24] Hans-Peter SCHWARZ, Das außenpolitische Konzept Konrad Adenauers, in: Rudolf MORSEY/Konrad REPGEN (Hrsg.), Adenauer-Studien I, Mainz 1971, S. 103.

[25] HACKE, Weltmacht wider Willen, S. 27.

[26] Vincent AURIOL, Journal du Septennat 1947–1954, Band III: 1949, Paris 1977, S. 456.

[27] Zitiert nach SCHWARZ, Adenauer. Aufstieg, S. 760.
[28] Hans MAIER, Die Deutschen und die Freiheit. Perspektiven der Nachkriegszeit, Stuttgart 1985, S. 28.
[29] Keesing's Archiv der Gegenwart 1950, S. 2638 G: 22. 10. 1950.
[30] Jean R. von SALIS, Geschichte und Politik, Zürich 1971, S. 214.
[31] Ebd.
[32] Reichstagsrede Bismarcks vom 19. Februar 1878, in: Horst KOHL (Hrsg.), Die politischen Reden des Fürsten Bismarck, Band 7, Stuttgart 1893, S. 92.
[33] Michael STÜRMER, Das ruhelose Reich. Deutschland 1866–1918, Berlin 1983.
[34] Gustav STRESEMANN, Vermächtnis. Der Nachlaß in drei Bänden, hrsg. von Henry BERNHARD unter Mitarbeit von Walter GOETZ und Paul WIEGLER. Zweiter Band, Berlin 1932, S. 555: Stresemann an den ehemaligen Kronprinzen vom 7. 9. 1925.
[35] Rüdiger ALTMANN, Der Verdacht, ein Staat zu sein, in: Zensuren, S. 11.
[36] Willy BRANDT, Begegnungen, S. 54.
[37] Reinhold MAIER, Erinnerungen 1948–1953, Tübingen 1966, S. 446.
[38] Fritz René ALLEMANN, Bonn ist nicht Weimar, Köln/Berlin 1956, S. 176.
[39] BESSON, Außenpolitik, S. 111.
[40] ADENAUER, Erinnerungen 1953–1955, S. 289.
[41] Werner LINK, Außenpolitik und internationale Einordnung, S. 574.
[42] Zitiert nach SCHWARZ, Ära Adenauer. Gründerjahre, S. 71.
[43] Dokumente des geteilten Deutschland, hrsg. von Ingo von MÜNCH, Stuttgart 1968, S. 232.
[44] Johannes GROSS, Lauter Nachworte. Innenpolitik nach Adenauer, Stuttgart 1965, S. 9.
[45] François SEYDOUX, Botschafter in Deutschland. Meine zweite Mission 1965 bis 1970, Frankfurt/Main 1978, S. 138 f.
[46] Zitiert nach Rainer A. BLASIUS, Zur Einführung, in: Bundesministerium für innerdeutsche Beziehungen

(Hrsg.), Dokumente zur Deutschlandpolitik, I. Reihe/Band 1, Frankfurt/Main 1984, S. XLIV.
⁴⁷ Zitiert nach Gordon A. CRAIG, Über die Deutschen, München 1982, S. 49.
⁴⁸ SCHWARZ, Ära Adenauer. Gründerjahre, S. 282.
⁴⁹ Karl Dietrich BRACHER, Die Krise Europas 1917−1975, Frankfurt/Main/Berlin/Wien 1976, S. 315.
⁵⁰ SCHWARZ, Ära Adenauer. Gründerjahre, S. 348.
⁵¹ Zitiert nach SCHWARZ, Ära Adenauer. Epochenwechsel, S. 129.
⁵² Marion Gräfin DÖNHOFF, Deutsche Außenpolitik von Adenauer bis Brandt, Hamburg 1970, S. 209.
⁵³ Willy BRANDT, Begegnungen und Einsichten. Die Jahre 1960−1975, Hamburg 1976, S. 341.
⁵⁴ Zitiert nach Kurt BECKER, Helmut Schmidts außenpolitisches Vermächtnis, in: Die Zeit vom 15. 10. 1982, S. 3.
⁵⁵ Zitiert nach Klaus HILDEBRAND, Von Erhard zur Großen Koalition 1963−1969, Stuttgart/Wiesbaden 1984, S. 315.
⁵⁶ SEYDOUX, Botschafter, S. 90.
⁵⁷ Archiv der Gegenwart 34 (1964), S. 11205.
⁵⁸ Archiv der Ludwig-Erhard-Stiftung, Nachlaß Erhard II.1.1: Entwurf einer Ansprache von Bundeskanzler Erhard über die deutschen Rundfunk- und Fernsehanstalten am 9. 11. 1966.
⁵⁹ Zbigniew K. BREZINSKI, Deutsche Einheit durch europäische Verflechtung, in: Theo SOMMER (Hrsg.), Denken an Deutschland. Zum Problem der Wiedervereinigung − Ansichten und Einsichten, Hamburg 1966, S. 99.
⁶⁰ Werner von LOJEWSKI, Bonn am Wendepunkt. Die Krise der deutschen Außenpolitik. Analyse und Bilanz, München/Esslingen 1965, S. 24.
⁶¹ Herbert BLANKENHORN, Verständnis und Verständigung. Blätter eines politischen Tagebuchs 1949 bis 1979, Frankfurt/Main/Berlin/Wien 1980, S. 539: Eintragung vom 23. 10. 1968.
⁶² Archiv für Christlich-Demokratische Politik der Konrad-Adenauer-Stiftung, Tagebuch Kai-Uwe von Hassel vom 26. 9. 1966.

[63] Neue Zürcher Zeitung vom 22. 11. 1964.
[64] Hassel-Tagebuch vom 15. 3. 1966.
[65] Ebd.
[66] Carlo SCHMID, Erinnerungen. Bern/München/Wien 1979, S. 819.
[67] Lothar RUEHL, Die neuen Ziele im Atlantischen Bündnis und die Fortsetzung der westlichen Détentepolitik nach Prag, in: Die Internationale Politik 1968–1969, hrsg. von Karl KAISER, Dietrich MENDE, Christiane RAJEWSKY und Wolfgang WAGNER, München/Wien 1974, S. 333.
[68] Archiv der Sozialen Demokratie der Friedrich-Ebert-Stiftung, Sitzungsprotokoll des Parteirats der SPD vom 6. 2. 1968.
[69] Ebd. vom 30. 6. 1967.
[70] SCHMID, Erinnerungen, S. 751.
[71] Zitiert nach HILDEBRAND, Von Erhard zur Großen Koalition, S. 307.
[72] Kurt Georg KIESINGER, Die Große Koalition 1966–1969. Reden und Erklärungen des Bundeskanzlers, hrsg. von Dieter Oberndörfer, Stuttgart 1979, S. 81.
[73] Werner LINK, Außen- und Deutschlandpolitik in der Ära Brandt 1969–1974, in: Karl Dietrich BRACHER, Wolfgang JÄGER, Werner LINK, Republik im Wandel 1969–1974. Die Ära Brandt, Stuttgart/Mannheim 1986, S. 180.
[74] LINK, Außen- und Deutschlandpolitik in der Ära Brandt, S. 276.
[75] Zitiert nach ebd., S. 241: Sitzung der SPD-Fraktion am 1. 12. 1970.
[76] David BINDER, The Other German. Willy Brandt's Life and Times, Washington 1975, S. 286: Terminus von Willy Brandt.
[77] Zitiert nach LINK, Außen- und Deutschlandpolitik in der Ära Brandt, S. 241: Äußerung von Außenminister Maurice Schumann in der Fernsehpressekonferenz der ARD am 27. 9. 1970.
[78] Zitiert nach ebd., S. 233: Brief Brandts an Nixon vom 28. 1. 1974.
[79] Ebd., S. 233.

⁸⁰ Ebd., S. 243.

⁸¹ Martin BERNSTORF, Willy Brandt – der Washington Europas? Nach der „ostpolitischen Periode" eine neue Vision, in: Deutsche Zeitung/Christ und Welt vom 11. 5. 1973, S. 5.

⁸² Zitiert nach LINK, Außen- und Deutschlandpolitik in der Ära Schmidt 1974–1982, in: Wolfgang JÄGER/Werner LINK, Republik im Wandel 1974–1982. Die Ära Schmidt, Stuttgart/Mannheim 1987, S. 324.

⁸³ Hans-Peter SCHWARZ, Die gezähmten Deutschen. Von der Machtbesessenheit zur Machtvergessenheit, Stuttgart 1985.

⁸⁴ Vgl. Anm. 53.

⁸⁵ Der Spiegel vom 15. 1. 1979, S. 45: „Leistung liegt im Deutschen drin". Spiegel-Gespräch mit Helmut Schmidt.

⁸⁶ LINK, Außen- und Deutschlandpolitik in der Ära Schmidt 1974–1982, S. 428.

⁸⁷ Der Spiegel vom 6. 7. 1981, S. 26: „Breschnew zittert um den Frieden". Spiegel-Gespräch mit Willy Brandt.

⁸⁸ Bundes-Delegierten-Konferenz und Außerordentlicher Parteitag der Sozialdemokratischen Partei Deutschlands. 9. und 10. Dezember 1978 Köln: Referat Helmut Schmidt, S. 75.

⁸⁹ Klaus Otto NASS, Der „Zahlmeister" als Schrittmacher? Die Bundesrepublik Deutschland in der Europäischen Gemeinschaft, in: Europa-Archiv 31 (1976), S. 330.

⁹⁰ LINK, Außen- und Deutschlandpolitik in der Ära Schmidt, S. 382.

⁹¹ Vgl. oben Anm. 15.

⁹² Theo SOMMER, Ein ganz neues Bonn-Gefühl. Brandts Aufgabe in der Weltpolitik, in: Die Zeit vom 28. 8. 1970, S. 1: Zitat von Egon Bahr.

⁹³ Ernst Robert CURTIUS, Goethe, Thomas Mann und Italien. Beiträge in der „Luxemburger Zeitung" (1922–1925). Hrsg. von Romain KIRT, Bonn 1988, S. 21.

⁹⁴ Ebd., S. 20.

⁹⁵ Vgl. Anm. 83.

⁹⁶ Arnulf BARING in Zusammenarbeit mit Volker ZAST-

ROW, Unser neuer Größenwahn. Deutschland zwischen Ost und West, Stuttgart 1988.

⁹⁷ Vgl. Anm. 12.

⁹⁸ Hans-Dietrich GENSCHER, Deutsche Außenpolitik. Ausgewählte Grundsatzreden 1975—1980, Stuttgart 1981, S. 209: Perspektiven deutscher Politik in den Vereinten Nationen. Rede vor der Deutschen Gesellschaft für die Vereinten Nationen in Bonn am 24. 10. 1978.

## Der Autor

1941 geboren, studierte Klaus Hildebrand Geschichte, Germanistik und Sozialwissenschaften. Er wurde 1967 an der Universität Mannheim zum Doktor der Philosophie promoviert und habilitierte sich 1972 nach einem Forschungsaufenthalt in England für das Fach „Neuere Geschichte". Von 1974 bis 1982 lehrte er als ordentlicher Professor an den Universitäten Frankfurt und Münster. 1978 lehnte er einen Ruf auf den Lehrstuhl für Moderne Europäische Geschichte an der Harvard-Universität ab und nahm 1982 den Ruf auf den Lehrstuhl für Mittlere und Neuere Geschichte an der Universität Bonn an. Klaus Hildebrand ist seit 1982 Mitglied der Kommission für Geschichte des Parlamentarismus und der politischen Parteien und seit 1983 ordentliches Mitglied der Historischen Kommission bei der Bayerischen Akademie der Wissenschaften.

Klaus Hildebrand hat Bücher und Aufsätze zur Geschichte des 19. und 20. Jahrhunderts veröffentlicht, unter anderen: „Vom Reich zum Weltreich. Hitler, NSDAP und koloniale Frage 1919–1945" (1969); „Deutsche Außenpolitik 1933–1945. Kalkül oder Dogma?" (1971, $1990^5$); „Das Dritte Reich" (1979, $1987^3$, französische Ausgabe 1985); „Von Erhard zur Großen Koalition 1963–1969" (1984); „Deutsche Außenpolitik 1871–1918" (1989); „German Foreign Policy from Bismarck to Adenauer. The Limits of Statecraft" (1989).

# L'auteur

Né en 1941, Klaus Hildebrand a fait des études d'histoire, de germanistique et de sciences sociales. En 1967, il a soutenu sa thèse de doctorat à l'Univèrsité de Mannheim et en 1972, après un séjour en Angleterre, sa thèse d'habilitation. De 1974 à 1982, il a enseigné aux universités de Francfort et Münster. En 1978, il déclina la proposition d'enseigner à Harvard/U. S. A., mais, par contre, il accepta en 1982 la chaire d'histoire moderne à l'Université de Bonn. Klaus Hildebrand est membre de plusieurs commissions scientifiques telles que de la Kommission für Geschichte des Parlamentarismus und der politischen Parteien depuis 1982 et de la Historische Kommission bei der Bayerischen Akademie der Wissenschaften depuis 1983.

Les publications de Klaus Hildebrand portent sur l'histoire du XIX$^e$ et du XX$^e$ siècle. On compte parmi les plus importantes: „Vom Reich zum Weltreich. Hitler, NSDAP und koloniale Frage 1919–1945" (1969); „Deutsche Außenpolitik 1933–1945. Kalkül oder Dogma?" (1971, 1990$^5$); „Das Dritte Reich" (1979, 1987$^3$, édition française 1985); „Von Erhard zur Großen Koalition 1963–1969" (1984); „Deutsche Außenpolitik 1871–1918" (1989); „German Foreign Policy from Bismarck to Adenauer. The Limits of Statecraft" (1989).

# Réflexions sur l'Allemagne au 20ᵉ siècle

# Reflexionen über Deutschland im 20. Jahrhundert

Herausgegeben für das
Deutsche Historische Institut Paris von
Prof. Dr. Horst Müller

**Bisher erschienen:**

WILHELM G. GREWE, *Teilung und Vereinigung Deutschlands als europäisches Problem / Division et Unification de l'Allemagne – problème européen.* 91 Seiten, Bonn 1991.
[ISBN 3-416-02284-X]

HANS MAIER, *40 Jahre Grundgesetz – eine Bestandsaufnahme / 40 ans de Loi Fondamentale – un bilan.* 84 Seiten, Bonn 1990.
[ISBN 3-416-02266-1]

HORST MÖLLER, *Theodor Heuss: Staatsmann und Schriftsteller / Theodor Heuss: Homme d'État et homme de Lettres.* 157 Seiten, Bonn 1990.
[ISBN 3-416-02267-X]

GEBHARD ZILLER, *Die bundesstaatliche Ordnung der Bundesrepublik Deutschland / L'ordre fédéral de la République fédérale d'Allemagne.* 60 Seiten, Bonn 1990. [ISBN 3-416-02268-8]